忌印恐怖譚

くびはらい

我妻俊樹

竹書房
怪談
文庫

目次

ぎょろ目

　今から思えば、その家はどこかおかしかったのだと柴田くんは言う。

「Tさんは古い知り合いなんだけど家に遊びに行くような間柄じゃなかったんですよ。それがどういう話の流れだったか忘れたけど、その晩の飲み会の後Tさんの家に行くことになって」

　最初は別の友人も同行するはずだったが、気が変わったのか途中でいなくなってしまった。

　T氏と一緒にタクシーに乗ったのは柴田くんだけであった。

「Tさんはですね、ちょっと変わった人なんです。ぼくより二回り上で六十歳くらい、仕事は何か音楽関係のディレクターだって聞いてますけど、わりと私生活が謎な人で」

　一昔前に人気アイドルを手掛けて白亜の豪邸に住んでいる、などと噂されていたが、タクシーが横付けされたのはブロック塀に囲われたごく庶民的な家の前だった。

「でもまわりは豪邸まではいかないけど、趣味のいいデザインの家が多いわりと金持ちそうな住宅地だったんです。Tさんの家だけが妙に庶民的で浮いてる感じでした」

ドアの鍵を開けたT氏が先に入って玄関の明かりをともす。どうやら家の中には誰もいない様子だった。

「ただ暗いだけじゃなく玄関に靴が妙に少なくて足もとががらんとしてたり、あと家の中の空気が澱んでるっていうのかな。単に人がいないだけじゃなく、長い間誰も帰ってない家みたいに感じたんですよね」

スリッパの用意もない廊下を促されて進むと、柴田くんはリビングに招き入れられた。

部屋の電気がつくと、まず壁に掛けられた白い時計が目についた。

「おや、と思ったのはその時計七時ちょうどを指してたんですよね。そのときはもう零時近かったから止まってるんだと思ったけど、その後見るたび少しずつ動いてるから止まってないんです、ただものすごく遅れてるだけで。そんなに遅れるまで放置してあったのも、なんか人の住んでない家みたいだなと思って」
柴田くんはなんだか酔いが醒めてしまったような気分で、居心地の悪さを感じ始めていた。

だからT氏が酒を用意してくれると、水割りの氷がほとんど融けないうちに三杯続けてグラスを空けた。

いくらか落ち着いてあらためて部屋を眺めれば、床に新聞や雑誌が積まれていたりと殺風景なリビングの隅には、赤い服を着た女の子の人形が転がっていた。
「たぶん着せ替え人形でもバービーとかああいうちゃんとしたのじゃなくて、安物っぽい人形です。それが置いてあるんじゃなくて、誰かが投げ出してそのままって感じに落ちてたんですね」

柴田くんはその人形を見て、T氏に関する「奥さんや子供に暴力をふるって怪我を負わせ離婚訴訟を起こされている」という噂のことも思い出していた。
「でもTさんもういい年ですし、子供もそんな人形で遊ぶ年齢じゃないような気がして、なんか気になってちらちら見てたんですよ」

T氏はさほどお喋りではないが無口でもなく、会話がとぎれて白けるようなことはなかった。淡々と共通の知人のことなど話していたら、時計の掛かっている壁のむこうで物音がした。

「何か積んであったものが崩れたみたいな、それもけっこう派手に崩れた感じの音だったんですね。だから思わずそっちを見たんだけど、Tさんはまるで気にしない様子で話を続けてる。だからぼくも気にしないようにしようと思って前を向いたんだけど」

そのとき視界に入った赤い服の人形が、さっきとは違う位置にあるような気がしたという。

それに顔の向きも変わっていて、先ほどまでは横顔が見える程度だったのに今はこちらに正面を向けていた。

顔全体の中で目だけがやたらと大きく、ちょっとありえないくらいのぎょろ目だ。思わずじっと見てしまうと、ふたたび壁のむこうで音がする。

今度は物が崩れる音ではなかった。

「うまく言えないけど、なんとなく音をたててる物じたいはさっきと同じかな、という気がしたんです。ただ今度は崩れてるんじゃなくて、しいて言えばさっき崩れた物を、誰かが乱暴にまた積み上げてる感じの音っていうのかな」

「おうちに今誰かいらっしゃるんですか？」

思わず柴田くんはそう訊ねてしまった。

だがT氏は「いや、いないよ。どうして？」と不思議そうな顔で聞き返してくる。その表情はとぼけているようには見えなかった。とはいえ、こちらも酔っ払っているから判断力には自信がない。

隣の部屋に誰かいるのか、それとも誰もいないのか。柴田くんはどうにも気になってしまってT氏との会話も上の空になっていた。

「そのとき、床に落ちてる人形の目玉が動いたんですよ」

赤い服の人形のぎょろ目が、物音のした隣室との境の壁に向けられたのである。

柴田くんは思わず「えっ」と声を上げて椅子から腰を浮かせた。

T氏は話を止めて、柴田くんの視線を追うように後ろを振り返った。

「あっ」

今度はT氏がそう小さく声を上げたという。

その瞬間、人形の目がぐりっと動いてT氏のほうを見た。

すると壁のむこうの物音が変わり、また物が崩れるような音がした。

ふたたび人形の目玉が動いて壁に向けられた。

T氏がそれを見てふたたび「あっ」と小声を上げる。

するとまた人形の目玉がT氏のほうを向く。

それからはずっとT氏と人形が見つめ合っている状態が続いた。


その異様な緊張に耐えられなくなった柴田くんは立ち上がり、

「ちょっとぼく明日も早くてあれなんで、そろそろお暇しますね！」

とかなんとか適当なことを言いながら駆け足で玄関に向かった。

T氏からは引き止められたり、声をかけられることもなかった。廊下は来たときと同じようにしんと静まり返っている。

慌てていたので靴がうまく履けず、焦りながら顔を上げるとまっすぐ伸びた廊下の真ん中あたりに人形が立っていた。

だが赤い服はぼろぼろに切り裂かれて焦げ跡もあり、両目の位置には二つの暗い穴が開いていたという。


どうにか大きな通りに出てタクシーを捕まえると、柴田くんは夜明け前に自宅に帰り着くことができた。

翌朝になって冷静に考えると、タクシーの料金が妙に安かったのが気になっている。

「たっぷり一時間は乗ってたと思うんだけど、財布の中身が二千円くらいしか減ってないんですよ。行きのタクシーでTさんが運転手に何て告げてたかも覚えてないし、いったいあの家がどこにあったのかさっぱりわからないんです。領収書もらっとけばよかったなと思って」

その後T氏を遠くから見かけたことはあるが、とても話しかける気にはならなかったそうだ。

しっぽの話

しっぽの異様に長い猫だったのだという。

胴体の倍近い長さの尾を、まるで地を払うように左右に振りながらその猫は歩いていた。誰かがイタズラでおもちゃのしっぽをくくり付けたのかと思ったが、どうやら本物らしい。その証拠に先っぽが鎌首をもたげるような動きを時々見せた。まるで本体とは別の意志を持つ生き物みたいだった。

しっぽ以外はごく普通の虎猫で、首輪はなく毛艶が悪いので野良なのだろう。

瑠海子さんはとにかくびっくりして、道の真ん中に立ち止まってその猫を呆然と見送った。

猫は左側の藪《やぶ》から現れて、ゆっくりと道路を渡り切ると右側の建物と塀の隙間に消えていった。

「ねえ今の猫見ました?」

そう声のしたほうを見ると、鍔《つば》の広い帽子をかぶった女の人が首をかしげるようにして笑っていた。

ええ、しっぽがすごく長くてびっくりしちゃいましたよ、と瑠海子さんが答えると、女の人はうなずきながら手でサイズをつくって「こんなでしたねえ」と感情をこめて言う。

その話し方やしぐさがなんとなく「知っている」もののような気がして、瑠海子さんは猫の消えていった隙間と女の人を交互に見ながら必死で思い出そうとした。

「……もしかして、スズキユカリちゃん?」

ふとひらめいた高校の同級生の名前を、瑠海子さんは口に出していた。

二十年くらい会っていないが、同じ新聞部員だったスズキユカリと目の前の女の人はよく似ている。記憶の中の彼女をそのまま大人の女性にしたような印象だった。

思わぬ再会をほとんど確信して返事を待つ瑠海子さんに、

「いやだあ、違いますよ」

女の人は眉《まゆ》をへの字に下げて笑って否定した。

だがその返答の仕方もますます昔の同級生にそっくりだったので、瑠海子さんは当惑しつつかすかな期待を捨てきれなかったという。

すると女の人は手をバタバタと横に振りながら、

「だってスズキユカリちゃんは死んだでしょ?」

にこやかな表情のままさらっとそう言った。

えっ、と驚いて瑠海子さんは固まってしまう。

その目の前で、帽子の鍔の角度を直しながら女の人は足のほうからすーっと背景に溶け込むように消えてしまった。

何が起きたのか理解するのに頭が追いつかず、しばらく瑠海子さんはその場から動けなかった。


後日気になっていろいろと昔の同級生に当たって訊いてみると、スズキユカリは十一年前に交通事故で本当に亡くなっていることがわかったそうだ。

「でも消えちゃった女の人は、どう見ても今の私と同年輩でしたから。あれが幽霊だとしたら辻褄が合わないんですよねえ」

　こういうのってどう考えたらいいんでしょうか、と瑠海子さんはため息をついた。


　佳郎さんは自分の影に時おり異変が起きていることに気づいている。

　最初に気づいたのは三、四年前で、家族で動物園に行った帰り道だったらしい。

　駅のホームに落ちる自分の影を見たら、尻の辺りから地面に着きそうなほど長いしっぽのようなものがのびていたのだ。

　驚いて自分のジーンズの尻を確認したが何も見当たらない。周囲の何かの影が偶然重なってそう見えるのでは？　と思ったが、場所を移動してもしっぽの影は揺れながらついてきた。

（何かしっぽの長い動物の霊にでも憑かれてしまったのでは？）

　そう心配になった佳郎さんは、子供たちに聞こえないようそっと妻にだけ打ち明けたそうだ。

　だが地面に落ちる佳郎さんの影をじっと見下ろした妻は、

「ごめん、ちょっとあたしにはそうは見えないんだけど」

困惑した表情でそう告げてきた。

「これだよ？　ほらここからしっぽが出て、ずーっとこうのびてるでしょ？」

そう佳郎さんが指さしながら小声で説明しても、ただ首をかしげるばかりで、妻には本当に見えていないのだとわかったそうである。

スマホのカメラで撮影してみても、しっぽの影は写らなかった。

どうやらこれは自分の目にしか見えていないものだ、と佳郎さんは理解したそうだ。ならば人目を気にする必要はないとひとまず放っておくことにして、自分でもなるべく影を見ないようにしていたら家に着く頃には消えていたという。


だがその後、およそ月に一、二回くらいの頻度でしっぽの影は現れ続けている。シルエットのみではあるものの、出現するたびに長さや形が違うので、毎回別の動物のしっぽなのではないか？　と佳郎さんは想像しているという。

観察していると、どのしっぽも申し訳程度に揺れることはあっても、実際の動物たちのしっぽのように豊かな感情表現を見せることはなかった。

そしてせいぜい一時間程度で消えてしまう。

いったいどういう意味のある現象なのか、佳郎さんにはさっぱり理解できない。

べつに実害があるわけではなさそうだし、これはもう無視するに限るという結論に達した彼は、妻には「あれはぼくの気のせいだったから」と言って一切話題にするのをやめ、自分も影のことを考えるのをやめてしまった。

「もしかしたらそれがいけなかったのかとも思うんですよね。いえ、べつに実害が出ているというわけではないんですが……」

最近ふと気がついたら、しっぽの影が二本に増えていたそうだ。

位牌が飛んだ日

善典さんの実家では年に一、二度、仏壇から位牌がまるで人に放り投げられたように飛び出してくることがある。

きまって家族の誰かが仏間にいるときに、目の前で見せつけるように位牌が軽く放物線を描いて飛び、畳の上を転がって止まるのだ。

その現象が起きる日時はまちまちで規則性はないものと思われていたが、最近どうやら父親が前の晩に見た夢と関係があるらしいとわかってきた。

つまり父親が言うには、古い知り合い——それは友人というほど親しくない顔見知り程度の人がほとんどらしい——に会って、一緒に食事をするという夢を見た翌日に〈位牌が飛ぶ〉現象が起きているというのである。

そのような夢を見た後何も起きないこともあるので、ずっと両者を結び付けて考えていなかった。だがふと思い立って調べてみると、位牌が飛んだ日の前夜の夢で会食した知り合いたちは、夢に出てきた時点で全員すでに亡くなっていた。何年も会っていない人ばかりで近況を知らない場合も多かったけれど、共通の知人などに当たってみるとそういう結果に行き着いたそうだ。

父親がすでに鬼籍に入っている古い知り合いと会食する夢を見ると、次の日に仏壇から位牌が飛ぶ。

そういう法則があることがわかったという話である。

ちなみに善典さんの実家は彼が高校生のときに建て直されたものだ。

それ以前の家にも仏間や仏壇はあったそうだが、こんな現象は起きたことがなかったという。

改築後の家で〈位牌が飛ぶ〉ようになった理由は不明だが、新しい仏間は昔離れがあった場所に建てられていて、その離れには大叔父、つまり祖父の弟が暮らしていたらしい。

善典さんが生まれる前に亡くなった大叔父は生来の病弱で、若くして亡くなる前の数年間はほとんど寝たきりで離れを出ることがなかったそうだ。

この大叔父には不思議な特技があって、布団に寝たままの状態で声や口笛などで音を立てることもなく、ただ念じるだけで野良猫を窓辺に集めることができたという。

寝たきりになってからはそうやって窓越しに鳴き騒ぐ猫たちを眺め、時には薄く開けた窓から猫たちを枕辺に呼び寄せて退屈をしのいでいたという話だ。

それが位牌の怪異とそのまま結び付けられるものかはわからないが、善典さん宅ではなんとなく、それも大叔父の悪戯のような気がしているとのことである。

遺族

「前に事故物件に住んでたんだけど、そういう話ってもう聞き飽きてるでしょ？」

男はグラスを手に取って氷をからからと鳴らしながらそう話しかけてきた。

怖い話を聞き集めるのが趣味だという広之さんが、初めて入ったバーでマスターと軽い心霊談義を交わしているのを横で聞いていて興味を持ったようだった。

そんなことないですよ、ぜひ聞きたいですと広之さんは男のほうに体を向けた。

「××の西口にSっていうスーパーがあるの知ってる？　そのSが入ってるビルの八階。女の人が亡くなった部屋らしいんだよね。孤独死。家賃は大して安くなかったな、あのへんでワンルーム五万七千円っていったらまあ、普通よりやや低いくらいでしょ？　でもおれそのとき仕事辞めたばかりでね、実質無収入でもそこだけ審査通ったんだよ。だから選択の余地なしって感じで決めたわけ」

「亡くなったのがどんな人かとか、詳しい死に方とか全然聞かなかった。そんなの知ってもしょうがないし、知らないほうがいいと思ったからね。ただまあ、年寄りが住むような物件ではないかなと思った。まわりも二、三十代の住人ばっかりだったしさ。だから意外と若い人だったんだろうなって」

「引っ越して一ヶ月くらい経った頃に、ポストに封筒が入ってたんだよ。一階の集合ポストじゃなくてドアポストのほうね。宛名も何も書いてない茶封筒だけど、なんだろうと思って開封したら便箋が一枚ぺらっと入ってた。細かい几帳面な字でびっしり書かれてたんだけど、たしか『×××の父でございます』で始まってってね、娘の件ではいろいろとご迷惑をおかけしているかと思いますが、なにとぞご容赦いただきたい……とか慇懃《いんぎん》な感じで綴られてたの。でも×××なんて女性知らないし、文面も要領を得ないっていうか、何を謝ってるんだかさっぱりだったわけ。どうしようかと思ったけど、気持ち悪いんで一応不動産屋に持ってって相談したんだわ」

「そしたらむこうは全部心得てますって態度でね。『部屋で亡くなった方のご遺族のしわざかと思います、ショックで精神的に不安定になっておられるようなので……』って言うんだよ。まあこっちも薄々そんな気はしてたけど、あらためてそう意識して読むと文面も気味が悪いだけじゃなく、なんか気の毒に思えてきたよね。不動産屋としては遺族の住所は教えられないから、手紙入れないでくれって間接的にメッセージを伝えるか、警察に相談してもらうしかないって。べつに手紙くらいなら気味悪いだけで済むし、娘亡くした人を変に刺激するのもどうかと思って、放っておくことにしたんだわ」

「それからも不定期にポストに封筒が入ってた。中身はほぼ一緒なんだけど、ちゃんと手書きで毎回少しだけ文面が違うんだよね。基本的にとにかく『娘の件では大変申し訳ない』ってことがくりかえされてるわけ。文章だけど平身低頭な感じが目に浮かぶようなさ、馬鹿丁寧でさ、でもよく読むと文意は不明瞭っていう。そういう手紙が一ヶ月おきとか、近いときは十日後くらいにまた入ってたりして。郵便じゃなくて直接ドアポストに入ってるし、むこうは家の前まで来てるわけだよね。考えたらそれは気持ち悪いなって思い始めたの」

「そのうち文面もあきらかに変化してきてさ、『これだけ申し訳ありませんと地に頭をこすりつけてお願いしても駄目なのでしょうか』とかさ『どうしても許して下さらないのですね』とか。えっ、許すとか許さないとかいう話だったの⁉ってこっちはすごくびっくりしちゃって、また不動産屋に相談に行こうかと思いつつ、おれはちょっと前にようやく新しい仕事が決まって忙しくなってたから先延ばしにしてたわけ」

「そしたらある日そのビルで飛び降りがあったんだよ。建物の前の歩道に男が落ちてさ、即死だったんだけどそれがどうやらうちのベランダから飛び降りたらしくて。ドアの鍵壊されてててさ、ベランダに汚い革靴が脱いであって、なんか遺書みたいのまで置いてあったの。ずっとドアポストに届いてた手紙と同じ字でね、『父と娘は一心同体』って一行だけ書いてあったわけ」

「ああ最悪の結果になっちゃったと思って。ちゃんと早く警察に相談してれば防げたかもしれないのにって。メンタルやばい父親を放置したせいで、娘の後追いさせちゃったと思ってすごく落ち込んでたんだよ。そしたら後でわかったんだけど、飛び降りたのは部屋で死んだ女の人の父親じゃなかったんだよね。全然無関係な、身寄りのないホームレスのおじさんだったの。そもそも部屋で死んだ人に父親はいなかったらしくて、遺族はそんな手紙のことは知らないって。だからずっとドアポストに封筒届けてたのはそのホームレスだったらしいんだよね」

「そんなことしてた理由？　いやまったくわかんない。考えたらおれ仕事決まるまでは部屋にいること多かったし、ドアポストに封筒入れたら音するでしょ？　なのに一度も投函されるところに居合わせなかったのも変だよね。ホームレスのおじさんがビル出入りしてたら目立つはずなのに、管理人も住人も気づかなかったのもおかしいし。結局何もわかんないまま、その後すぐ別のマンションに引っ越しちゃったからね。おれが知ってるのは今しゃべった事実だけ。この話にオチはないよ」

持ち上げ坊主

数彦さんは子供の頃とても体が弱く、そのことを祖母にいつも心配されていた。

「母方の祖母の家が同じ市内にあって、よく行き来があったんですよ。それで祖母は私の顔を見るたびに『数ちゃんが丈夫に育つよう、ばあちゃんは毎日神様にお願いしてるからな』ってしみじみ言うんですよね」

どこそこの霊験あらたかな寺社のお札だ、お守りだといって祖母はよく家に持ってきた。

そのあまりの数の多さに両親は苦笑していたが、体によくないからと市販のお菓子類をいっさい禁止され、手作りの素朴な味のおやつばかり与えられていた彼に「お母さんたちに内緒だよ」と言って駄菓子やおまけ付きのチョコなどを買ってくれる祖母のことが数彦さんは大好きだった。

たしか土曜日で、午前中しか学校がなかった日のことだ。

家で遊んでいると祖母が訪ねてきた。父親は仕事で、母親はたまたま買い物か何かで出かけていて家には数彦さんしかいなかった。

その彼に祖母は「出かけるから着替えなさい」と言う。

時々祖母がそうしてくれるように、駅前の喫茶店でパフェを食べさせてくれるのだと思った数彦さんは急いで外着に着替えると、祖母と一緒に家を出た。

だが祖母は駅の方向へは向かわず、知らない道をどんどん進んでいく。

近所にこんな場所があったのか、と思うような古いお屋敷の並ぶ道だが、お屋敷はどこも庭が草ぼうぼうの空き家のようだった。

手を引かれている数彦さんはまわりをキョロキョロ見ながら、祖母に「どこに行くの？」と訊ねた。

「持ち上げ坊主様に会いに行くんだよ」

祖母はいつもの優しい口調で言って、にっこりと笑った。

何のことやらさっぱり意味はわからなかったものの、祖母の表情を見て数彦さんは

「きっといいところに行くに違いない」と思ったそうだ。

やがて祖母は、立派な瓦屋根のついた山門のようなものをくぐっていった。お寺に来たのかな？　と数彦さんは思ったけれど、いっこうにお堂らしきものは現れず、何もない野原のようなところを祖母は迷いのない足取りで進んでいく。だいぶ疲れてきた数彦さんはついていくのがやっとで、もう歩けないと何度か訴えたが、祖母は笑顔で「もう少しだからね」と言うばかりで歩を緩めることはなかった。

そのうち大きな木が遠くに見えてきたのを覚えているという。

祖母と数彦さんはどうやらその木の下までたどり着いたらしい。頭上は伸びひろがった枝葉に覆われ、空が見えなくなっていた。

「数ちゃんよくがんばったね、もう少しの辛抱だから」

祖母の声がそう聞こえたかと思うと、突然数彦さんは高く抱き上げられた。

だが彼の体を軽々と持ち上げた二本の腕は、あきらかに祖母のものではなかったという。

服の袖の色が違うし、袖に隠れて見えない腕も祖母よりずっと太くてぶよぶよしているように感じられる。

そして古い雑巾のような嫌な臭いがしていた。

驚いて固まってしまっている数彦さんの上に覆いかぶさるように、紫色と黒とピンクがまだらになったような気味の悪いかたまりが現れた。

それが人の顔であることを理解するのと、祖母の「ああよかったよかった、それじゃあ元気でね数ちゃん」という声が聞こえてきたのがほぼ同時だったという。


気がつくと数彦さんは地べたに座り込んで、ぼんやりと曇り空を見上げていた。

「まわりを見ても祖母の姿はなく、そもそもそこは家のすぐ裏手にある小さな児童公園だったんです。子供ながらに『夢でも見たのかな』と思いながら帰宅したら、家から母親が血相変えて飛び出してきて『今からおばあちゃんのところへ行くから』って言われて、そのまま車庫に引っ張っていかれたんです」

だが母親の運転する車が向かったのは祖母の家ではなく、見知らぬ病院の駐車場だった。

自転車で買い物へ行く途中に暴走運転の車に跳ねられたという祖母は、数彦さんたちが到着する少し前に息を引き取っていた。

祖母が亡くなってから数彦さんはそれまでの病弱さが嘘のようにすっかり体が丈夫になり、学校を休むこともなくなった。

風邪ひとつ引かなくなった彼に両親は「死んだおばあちゃんがおまえの身体を守ってくれてるからだね」としみじみ語ったものだ。

そんな両親に対し数彦さんは「持ち上げ坊主様」の話をなんとなくしそびれたまま現在に至っている。

七月十九日

里子さんは昔、飲み友達の男性からかなり怖い怪談を聞かされたことがあった。

いつか誰かに話そうと思うも、なんとなく機会がないまますっかり内容を忘れてしまった。

その男性とも会わなくなって久しく、もはや連絡先もわからない。

怪談のほうはいまだに思い出せないままだが、最近自分の身のまわりに起きたことがその怪談によく似ていた気がするという。

そこで、彼女自身の体験談のほうを語ってもらった。

ある日の残業中、携帯電話に何度か着信があったけれど里子さんは無視していた。

知らない番号からだったし、留守電も残されていない。これは詐欺とかイタズラとか、無視していい類の電話だと思ったそうだ。

だが帰りの電車を降りて改札を抜けるときにまた同じ番号から掛かってくると、うっかり出てしまった。

「もしもし？」

相手の反応次第ですぐ切ろうと思いつつ耳を澄ませると、意外にも聞こえてきたのは弟の声だった。

「なんだ、知らない電話からだからずっと無視してたんだよ」

「あれっ、おれ教えてなかったっけ？　先月から番号変えてるんだけど」

「どうしたの、もてあそんだ女にストーカーでもされてるの？」

「ははは」

曖昧《あいまい》に笑った弟は、どうでもいいような世間話を少ししてから、唐突にこう訊ねてきた。

「そういえばお姉ちゃんの誕生日っていつだっけ？」

「はあ？　何言ってるの？」

里子さんは弟が何かの冗談で言っているのかと思ったそうだ。

彼女の誕生日は弟の誕生日と一日違いで、子供の頃はたいていまとめて一緒に祝われていて、損したようでお互いに嫌だったのだ。それを忘れるはずがない。

だが弟は何の含みもないような口調で、

「職場に出す書類に親きょうだいの生年月日書かなきゃいけないけど、度忘れしちゃってさあ」

などと言って返事を促してくる。

これは弟ではないのではないか、と里子さんはふと思った。

声も話し方も、ちょっとした間合いまで弟とそっくり、というか本人以外考えられないが、それでもなんとなく弟ではないような気がする。

そもそも弟が自分から電話してきたことが今まで何回あっただろう?

急速に違和感が膨らみ、電話を握る手が汗ばんできた。里子さんは咄嗟《とっさ》に嘘をつくことにした。

「私の誕生日は七月十九日だよ、忘れるなんてひどいね」

彼女は何食わぬ感じに出鱈目《でたらめ》な日付を口にしたという。

「ああ、やっぱりそうだったか。いやちょっと自信なかったからさ」

そう笑うと弟は「ありがとうね」と言い添えて電話を切った。

わけのわからない不安に胸がどきどきして、すぐに里子さんは弟にＬＩＮＥを送ってみた。

〈今私に電話した？〉

弟からは数分後に返信があったという。

〈え？　してないけど？？？〉

やっぱり、と思って先ほどの番号を確認しようとしたら、すべて着信履歴から消えてしまっていたそうだ。


約半年後、里子さんの職場の同僚が仕事を無断欠勤した。

午後になっても連絡がつかないので、心配した上司がマンションを訪ねてみたところ、部屋の床に倒れて冷たくなっていたという。

七月十九日

テーブルには朝食の準備ができており、手を付ける直前に亡くなったらしい。
里子さんと同い年の女性で持病もなく、死因はよくわからなかったそうだ。
亡くなった日はその女性の誕生日だった。
つまり七月十九日だったのである。

捨てないテレビ

弘務さんの実家の押入れにはブラウン管式のテレビがある。

弘務さんが中学生の頃に購入したもので、とっくに電源も入らなくなっている。場所を取るばかりだから捨てればいいと思うのだが、そう勧めても両親は聞く耳を持たなかった。

あるとき母親がぽつりとこう漏らしたという。

「あのテレビはね、お父さんが捨てるなって言うのよ。またあれが映るかもしれないからって」

あれって何？　と眉をひそめる弘務さんに母親が語ったのはこんな話だ。

十年ほど前のこと。

すでに画面がかなり劣化して、ノイズの入るようになったテレビを両親は見ていた。

バラエティ番組で、ゲストに大物の演歌歌手が出ていたという。

その歌手が何か面白いことを言い、司会の芸人が笑い転げている。

両親も茶の間で煎餅《せんべい》を齧《かじ》りながらげらげらと笑っていた。

そのとき画面がふっと暗くなった。

そろそろ買い替えを考えていたところだったから、とうとう寿命が来たのかなと思いながら眺めていると、その暗い画面の中に妙に〈明るい〉人が現れたのだという。

全身きらきらした「昔のお笑い芸人の舞台衣装」のような服装の男が画面の端から歩いてきて、真ん中でこちらに向き直った。

今まで映っていた番組をいったん暗く塗りつぶして、その上にあらためて男が現れたように見えたらしい。

そんな前衛的な番組ではないはずなので、首をかしげつつ父親がリモコンでチャンネルを替えた。

ところがどのチャンネルも同じように画面が暗くなっていて、その中央に〈明るい〉男が居座っていた。

男は蝶ネクタイをしていて、顔は腹話術の人形にどこか似ていた。

「サァオ父サンオ母サン、イイデスカ、サボテンヲ買イニイキマショウ」

ステージから語りかける司会者のようなポーズで、男が画面から話しかけてきた。

奇妙なイントネーションだったが、それはまさしく自分たちに語りかけているのだと二人は確信したそうだ。

「ハイ、サッソク買イニイキマショウ」

そう横で応える声がしたので父親が驚いて見ると、母親の顔も腹話術の人形のようになっていた（このことを母親は覚えていないらしい）。

「サァサァ、イマスグ買イニイキマショウ」

そう母親に急《せ》かされて父親は車を出し、一番近いホームセンターへと向かった。

どれを買っていいかわからないから、真っ先に目についた素焼きの鉢に入った丸っこいサボテンをひとつ買って帰宅する。

その頃には母親の顔や話し方は元にもどっていて、父親もすっかり正気に返っていたようだ。

「こんなもの買ってきちまって、どうするつもりだったんだろう」

そう途方に暮れつつ、サボテンは庭の平らな形の石の上に置いておいた。

だが数日後に母親が庭掃除中に誤ってサボテンを石から落としてしまい、植木鉢は真っ二つに割れてしまった。

すると土の中に何か光るものがあるので、拾い上げるとそれはパールの指輪だった。何年も前に空き巣に入られたときに盗まれた、母親の結婚指輪だったのだという。

「奇跡が起きた！　あのテレビの男の言う通りにしてよかった！」

夫婦でそう言って喜びあい、祝杯をあげた二人はそれからもすっかり画面の暗くなったテレビを毎日眺めつづけた。

けれどあの男が画面にふたたび登場することはなく、まもなくテレビは電源が入らなくなってしまったという。そして新しく買った液晶テレビが茶の間に置かれ、古いテレビは押入れに片づけられた。

「でもまた、何かの拍子にあれが映るかもしれないって。だから捨てるなってお父さんは言うの。でもこんなことがあったって知られたら夫婦で頭が変になったって思われるから、弘務には絶対内緒にしとけって言われてるのよ」

だからあたしが話したこと黙っててね、と母親は人差し指を口に当てた。

この話を聞いて以来、なんだか両親が自分の知っている両親ではなくなってしまったような気がして、弘務さんは盆暮れの帰省が憂鬱だということである。

交換

仲彦さんの息子の一歳の誕生日の朝、夢に知らない男が現れた。

「あんたの子とうちの子を交換してくれないかね」

そう話しかけてきたが、男が抱いているのはのっぺらぼうの白い人形だった。

ちょうど仲彦さんの息子と同じくらいの大きさだ。

仲彦さんは激怒して、男を追い払ったところで目が覚めたという。


一年後。

息子の二歳の誕生日の朝にも同じ男が夢に出てきた。

「あんたの子とうちの子を交換してくれないかね」

そう持ちかけてくる男が抱いているのは、やはりのっぺらぼうの白い人形。

一年前より大きくて、ちょうど今の伸彦さんの息子と同じくらいの大きさである。

伸彦さんはふたたび激怒して男を追い払ったという。

さらに一年後、息子の三歳の誕生日の朝にも同じ男が夢に現れた。

伸彦さんは「またか」と思い、今度は少し心に余裕があったそうだ。

男の抱いている、のっぺらぼうの白い人形は伸彦さんの息子同様、去年よりさらに大きくなっている。

「あんたの子とうちの子を交換……」

男が言い終わる前に人形を奪い取ると、男の後方に思いきり投げ捨てた。

そして「二度と来るな」と怒鳴りつけたところで目が覚めたという。

その日の昼過ぎ、伸彦さんの息子は家の前の道路で通りかかった軽トラックに跳ねられた。

幸い軽い打撲程度で済んだが、息子が泣きながら「知らないおじちゃんに突き飛ばされた」と主張したので伸彦さんは顔から血の気が引いていった。

だが偶然現場を目撃していた近所の老人によると、道端で遊んでいた息子は急に立ち上がり、自分で妙な感じに車の前にふらふらと飛び出していったのだという。

それはドライバーの証言とも一致していたようである。

以来、人形を抱いた男が伸彦さんの夢に出てくることは二度となかったそうだ。

山羊髭

昔の医者というのは、患者とろくに口をきかない人も珍しくなかったものだ。

登代子さんは学生時代、夜中に急にお尻が痒《かゆ》くなって眠れなくなったことがあった。パンツを下げて鏡に映してみたけれど、多少の吹き出物はあるが痒みに見合うような異変は見あたらない。かきむしった爪の痕が縦横にはしっているだけだ。

そして痒いのは尻だけで、腰とか腿《もも》とか、他はなんともない。ただ尻っぺただけが異様に痒くて寝つけなかった。

どうにか一晩中耐えた彼女は朝イチで近所の皮膚科医院に駆けつけた。

訴えを無言で聞き終えた白い髭《ひげ》の山羊《やぎ》に似た顔の医者は、ジェスチャーで「診察台にうつ伏せになりなさい」とうながした。

登代子さんが横たわると、むき出しにした尻に何かひやっとする冷たいものが塗られ、上からガーゼのようなものがあてがわれたのがわかった。

説明らしい説明もないままどうやら診察と治療は終了したようで、登代子さんは塗り薬をもらって帰ってきた。

たしかに痒みはだいぶ和らいでおり、あんなに無愛想でもさすがにプロなんだなと感心したという。


翌日、大教室での授業中に誰かが登代子さんの肩をぽんと叩いた。

知り合いかと思ってふりかえると誰もいない。その授業は教室の大きさに比して出席者が少なくて、登代子さんの後ろは何列も空席が続いている。

首をかしげつつ前を向き、ふたたび講義に意識を集中した。

するとまた肩がぽんと叩かれた。登代子さんは咄嗟に手が出てそのイタズラ（?）の主の手首を掴んでしまった。

そして肩越しに後方をきっと睨《にら》みつけると、白い髭が目に入ったという。

山羊のような顔の老人が真後ろの席に着き、登代子さんを無言で見据えていた。

はっとして思わず手を放すと、老人は風船から空気が抜ける映像のスローモーションみたいに、しゅるしゅると縮んで何もない中空に吸い込まれてしまった。

思わず大きな音をたてて立ち上がってしまった登代子さんに、まばらな受講者たちの視線が集まる。

講義の声が止まったのでおそるおそる前を見ると、初老の男性教員が苦虫を噛み潰したような顔でこちらを見ていた。


午後の授業をさぼって大学を出ると、登代子さんは昨日の皮膚科へと向かった。

もちろん塗り薬はまだたくさん残っているが、教室に出現した老人がはたして昨日診てもらった医者その人なのか、この目で確かめずにいられなかったのだ。

たしかに髭はそっくりだったが、髭の印象が強すぎて、医者の顔全体の記憶は曖昧だった。

古い医院だからかネットにも公式サイトなどは見つからず、医者の顔写真は確認できていなかった。

痒みがひどくなったとか、適当なことを言って診察を受ければいいだろう。

そう思いながら医院の前にたどり着くと、ドアに貼り紙があった。

そこには臨時休診と書かれている。どうやら医者が急病に倒れたらしく、しばらく診察を休むと書かれている。

登代子さんはぽかんと口をあけてしばらくドアの前から動けなかった。

それからも彼女は時々皮膚科医院の前を通ったが、いつ見てもドアには貼り紙があって、診察は再開していない様子だった。

夏休み明けにひさしぶりに訪れてみると、建物から医院の看板が取り外されていた。

結局医者の顔をふたたび見ることは叶わなかったのだ。

たしかなのは、登代子さんはあの医者が最後に診た患者のうちの一人らしい、という事実だけである。

刺身臭

多香枝さんは小学生の頃に近所の川原で携帯電話を拾ったことがある。

二つ折りのガラケーが主流だった時代で、拾ったのはかなり縦長の古そうな機種だったという。

手に取るとなんとなく刺身のような臭いがした。マグロの赤身に似た生臭さがぷんと鼻をついたのだ。

どうして携帯電話がそんな臭いなのか謎だったが、スーパーで刺身を買った袋にでも一緒に入れられていて、そこから何かの拍子に転がり落ちたのかもしれない。

そんなことを思いつつ、多香枝さんはここぞとばかりにその傷だらけの黒い端末をおもちゃのようにしばらく弄《いじ》っていた。

家族では当時父親だけが携帯電話を持っていたが、多香枝さんは一切触らせてもらえなかったのだ。

まだ落としたばかりなのか電源は入っていて、どうやら発信はできそうだから試しに自宅に掛けてみることにする。

自宅の番号を押した後で、どうしていいかわからず彼女が適当にいろんなボタンを押していたら電話が呼び出し始めた。多香枝さんは端末を耳に当ててドキドキしながら誰かが出るのを待った。

この時間なら家には母親か祖父がいるはずだ。どっちが出るだろうと思いつつ耳を澄ませたが、顔にくっつけていると刺身のような臭いがさらに強くなって少し気持ち悪い。

いつまで待っても誰も電話に出ないし、臭いのほうも我慢できなくなったので多香枝さんは携帯を地面に放り捨ててしまった。

その後公園の水道で手を洗ったけれど生臭さが取れなかった。

しかも手の臭いを嗅がなくとも、刺身の臭いが鼻先につきまとう。これは顔にも臭いが移ってしまったんだと思って、多香枝さんは一生懸命顔も洗った。

ところがいくら洗ってもずっと臭いが消えない。多香枝さんは拾った携帯電話なんぞで遊んだことを後悔したが、しかたないので家に帰ってからもう一度石鹸でよく顔を洗うことにして、公園を出たのだ。

公園から彼女の家までは二百メートルほどの距離だった。歩いて五分もかからないが、そんな短い間でも臭いに耐えられなくなって、多香枝さんは途中から駆け出した。走っているうちにも刺身の臭いはどんどん強くなっているような気がする。

「ただいま！」

叫びながら家の玄関に飛び込むと、多香枝さんはまっすぐ洗面所に向かった。リビングで電話をしている母親の姿がちらっと視界に入る。「なんだ、ママやっぱり家にいるんじゃん」そう思いながら蛇口の水を出し、ハンドソープを泡立たせて顔を洗った。

まだ少し臭いが残ってるな、と気になりつつ多香枝さんはタオルで顔を拭いながらリビングに入っていった。すると受話器を置いた母親がしきりに首をかしげているところだった。

「知らないケータイから何度も掛かってくるんだけど、出ると切れてるのよね。イタズラ電話なら非通知にしそうなものだし、なんなのかな、ケータイの故障かしらねえ」

そう母親が独り言のようにぶつぶつ言っているそばから、けたたましく電話の呼び出し音が鳴り出した。

「もしもし。ほらー、また切れてる」

そう言いながら母親の差し出した受話器を多香枝さんが耳に当てると、ツーツーという音とともにマグロの赤身のような生臭い臭いが漏れてきた。

先ほど拾った携帯電話とまったく同じ臭いがしている。

びっくりした多香枝さんは母親にも受話器を嗅がせたが、そんな臭いはしていないよと言われてしまった。

それきり家の電話は鳴らなくなったので、着信のあった番号に母親が試しにこちらから掛けてみると「この番号は現在使われておりません」というアナウンスが流れてきた。

多香枝さんは川原で携帯電話を拾ってからの顛末《てんまつ》をすべて母親に話したという。

「拾ったものはきちんと交番に届けないとね」

そう諭《さと》された彼女は母親を伴って現場にもどり、暗くなるまで一緒に捜したけれど、投げ捨てたはずの場所に携帯電話はどうしても見つからなかったそうだ。

姉弟

きね子さんの弟は十歳年下で、彼女が高二のときにまだ小学一年生だった。
家が店をやっていて両親が多忙だったから、きね子さんは親代わりに弟の面倒を見ていたという。なるべく家にいて弟を一人にしないために、放課後の部活や友達と遊ぶのを控えていたほどだった。

ある日きね子さんが学校から帰ってくると、家の中に弟の気配がなかった。玄関を見ると靴は揃っているので変だなと思いつつ、キッチンで冷蔵庫から麦茶を取り出す。コップに注いだそれを持ってリビングへ行く途中、弟の名前を呼んだが返事も、物音も聞こえなかった。

その家は店舗部分と住居部分が裏でつながっていて、子供たちは営業時間はとくに店に足を踏み入れることを禁じられていた。だがまだ幼く親に甘えたい弟は、時々用もないのに店に顔を出しては叱られていたそうだ。

そのうち怒られてもどってくるだろう。そう思いながらテレビを見ていると、店と住居の境の扉を開閉する音がした。そして廊下を歩くスリッパの音。それを聞いてきね子さんはおやっと思う。弟はスリッパを履かないし、足音は子供の歩幅ではなかったのだ。

だがこの時間は店が忙しく、両親が住居のほうに来ることは普通なかった。何事だろうと思ってきね子さんは廊下を覗いてみた。すると、

「おねえちゃんおかえりー」

そう弟の声がして、駆け足になったスリッパの音とともに現れたのは見たこともないような〈臙脂《えんじ》色のかたまり〉だったという。

初めは弟が怪我をして血だらけになっているのかとぎょっとしたが、そもそもまったく弟の姿ではなく、パタバタという足音はするのにスリッパも履いていない。

粘土で何かをつくろうとして途中で放棄したような、とにかく何の形にもなっていないものが近づいてくるのだ。

きね子さんは恐怖で声も出せず、ただドアにしがみついて体を硬直させていた。

そのとき、

「たらいまあ」

今度は背後で女の声がしたので振り返ると、玄関のほうから最初の〈臙脂色のかたまり〉よりひとまわり大きい〈臙脂色のかたまり〉がよたよたと接近してくるところだった。

ああ挟まれる、と思いながら目を閉じたところまでは記憶にあるという。


気がつくときね子さんは心配そうな顔の弟に体を揺すられていた。

彼女は廊下のつめたい床の上に大の字になっていたのだ。

「恥ずかしい話ですがちょっと失禁もしてて。弟にはばれなかったけど……」

弟は学校から帰ってくるとずっとリビングでテレビゲームをしていたらしい。きね子さんが帰宅したことにはまったく気づかず、トイレに行こうとして廊下に出たら倒れている姉を発見したという話だった。

「全身がめちゃくちゃに殴られたみたいに痛くて、なんとか起き上がったけど弟には『ちょっと転んだだけだから大丈夫だよ』って言って安心させて。それからシャワーを浴びて着替えました」

体中に痛みに見合うだけの痣《あざ》ができていたが、いったい何によってできた痣なのか。きね子さんは先ほどの〈臙脂色のかたまり〉のことを思い出し、あの二つのものにもみくちゃにされている自分を想像して途方に暮れてしまったそうである。

その後もなんとなく、家の中に自分たち以外にも〈姉弟〉がいるような気配は感じたが、はっきりと姿を見ることはなかった。

「想像ですけど、あれって本来私たちとは無関係なものだった気がするんですよね。よく全体がガラス張りのビルにまわりの景色が映り込んでるじゃないですか？ あんなふうに、たまたま近くにいる私たちを反映して〈姉弟〉っぽくなってただけで、本当はもっとわけのわからないものだったんじゃないかな」

たぶん住んでる土地に関係あるものだった気がします、ときね子さんは語った。

数年後に離れてしまったその家は、古事記にも名のある古い神社にほど近かったそうだ。

黄疸

四年前の冬、外山氏は別れた妻からの電話で元義母の死を知った。

義母はとても大らかな女性で、娘と離婚してからも外山氏のことを「元気でやっているだろうか」と何かと気遣ってくれていたようだ。

できれば葬式に行き最期のお別れをしたいと願ったが、仕事の関係でどうにも都合がつかず、無理そうだった。

それに外山氏は元義父との関係が芳《かんば》しくなかった。昔から義父に気に入られていないのはわかっていたが、離婚後は外山氏のことを「あいつはろくでもない男だ、もっと早く別れるべきだったな」と悪しざまに周囲に話しているらしい。

だから葬式への出席はあきらめて、外山氏は遠くから義母の冥福を祈った。

後日、元妻から葬式のときの写真が何枚か送られてきた。最近会えていない中学生の息子のかしこまった姿を見て微笑《ほほえ》みつつ、外山氏はスマホの画面をスワイプさせていった。

ひさしぶりに見る義父はさすがにやつれ果てた様子だ。一気に老け込んでしまったのではないかという気がする。

元妻自身の写っている写真もあった。また少し肥ったんじゃないか？　などと余計なことを考えながらさらに写真を見ていくと、家の前で義母の遺影を手にした義父と元妻、息子、それに元妻の従姉妹《いとこ》たちがずらりと並んだ一枚が表示された。

おや、と外山氏は首をひねったそうだ。

家の壁が妙に派手な黄色に塗られていたのだ。何年も前に行ったきりの家だからはっきり覚えているわけではないが、少なくとももっと地味な目立たない家だったはずだ。

いったい誰の趣味でこんな色にしたのだろう。義母が風水に凝っているという話を聞いたことがあるから、もしかしたら生前の彼女の意向で、何か風水的な意味があるのかもしれない。

外山氏は元妻への返信として、お悔やみと心労をねぎらう言葉を綴るとともに「家、ずいぶん黄色くなってるね」と書き添えた。

翌日になって妻から帰ってきたメッセージは、

「ママ、死ぬ前黄疸《おうだん》ひどかったからね」

という一行だけであった。

どういう意味だろう？　と外山氏は考えた。

元妻はブラックジョークを言うタイプの人間ではなく、まして自分の親が亡くなったばかりでそれを冗談のネタにするとは思えなかった。

だが家の壁を黄色いペンキで塗り換えることと、病人の黄疸に何の関係もあるはずはない。

きっと疲れて頭がぼんやりしていて、受け答えがおかしくなってしまったのだろう。そう考えて外山氏はそれ以上のやり取りはしなかったそうだ。

半年ほど経った頃、息子の誕生日に三人でレストランで食事をすることになって、外山氏は元妻とひさしぶりに会った。

息子の部活のことや進路のことなどひとしきり話した後で、元妻が「最近父親の服の趣味がおかしい」ということを言い出した。

「ママがいなくなって自分で服買うようになったじゃない？　それで何着ていいかわからなくなったのか、それとも元々の好みに目覚めちゃったのかわかんないんだけど」

このところ会うたびシャツもスラックスも靴下も黄色、帽子も黄色で、どこで見つけてきたのか黄色いスニーカーまで履いているというのだ。

「べつに性格が変わったわけじゃなくて、相変わらず偏屈で愛想の悪い老人がいきなりそんな格好し始めたんだもん。いったいどうしてなの？　って訊いてもむすっとして何も答えないのよ。ほんとわけがわかんない」

「それはお義母《かあ》さんが死ぬ前、黄疸ひどかったからだろ？」

口に出してから外山氏は「しまった」と焦ったがもう遅く、妻はさっと顔色を変えて黙り込んでいた。

「……あなたそういうヤな感じの冗談言う人だったっけ？」

しばらく無言で食事を続けたのち、あきらかに苛立った口調で言われたので、外山氏はあわてて平謝りに謝った。

こないだきみも似たようなこと書いてたじゃないか、とはとても言い出せなかったそうだ。

お互い息子の手前感情を抑えてはいたものの、夫婦時代の末期を思い出すような険悪な空気のまま会食を終え、外山氏は車で帰途についた。

どうしてあんなこと言っちゃったんだろうな、と夕暮れの道を飛ばしながらため息をつく。

まるで言い慣れた芝居のセリフみたいに、勝手に口をついて出てきたのだそうだ。

息子は何も気にしていないふりをしていたが、内心「またか」とうんざりしていたに違いない。

夫婦関係が険悪になってから息子は板挟みのストレスで体調を崩し、心療内科に通院していたこともあった。両親のどちらとも違って繊細な子だからな、あの子を心配させるような真似は絶対もうするまい、と外山氏はしきりに反省した。

交差点で赤信号になって車を停める。息子にどうやって今日の失態をフォローしようかと考えていると、反対側の歩道から制服の警官が駆け寄ってきて運転席の横に立った。

何事かとあわててウィンドウを下げると饐《す》えたような臭いが車内に流れ込んできたという。

よく見るとその警官は制帽からはみ出た髪がぐしゃぐしゃに脂《あぶら》ぎっていて、制服のあちこちに血痕のような赤茶けた染みが浮いていた。

車内をちらっと一瞥すると顔を近づけてきて、

「すみませんねえ、なんだか本官に似た人が助手席に座ってるような気がして来てみたんですが、お一人のようですな。こちらのとんだ勘違い、申し訳ありませんでした！」

甲高《かんだか》い耳障りな声を張り上げて言い、警官は笑った。

その口の中が、ペンキで塗ったように鮮やかな黄色だったそうだ。

岩風呂に居ます

進さんは一度だけ目の前で人間が消えるところを見たことがある。

「卒業旅行でね、九州に行ったんですよ。同じサークルの友達四人で××っていうそのとき初めて知った温泉地に泊まって。そこでは友達の一人の親戚がホテルを経営してたから、サービス料金で泊めてくれるっていう話で自然に決まった感じなんです」

「いちおう事前に話には聞いてたけど、けっこうやばい感じに老朽化したホテルで。親戚はいい加減建て替えたいんだけど資金不足で仕方ないんだって話で、なんか館内の雰囲気も陰気な感じなんですよね。当然というか客もまばらだし、廊下にある自販機も半分くらい故障中の紙貼られてたし。でもまあ昼間はレンタカーであちこち出かけて遊んできて、夜は温泉入って飯食って酒飲んで寝るだけですから。こういうボロいホテルも旅情というか、雰囲気あっていいんじゃないかなくらいに思ってたんです」

「夜になって、岩風呂入りにいったらおれたち以外の客は誰もいなかったんですよ。気を遣わなくていいかと思って、修学旅行みたいに大声で騒いでたら少し離れたところで『ちゃぷん』って音がしたんです。だから他の客が来たのかと思って、しばらく大人しくしてたんですね。見ると岩の陰にたしかに誰かいるみたいなんで、なんとなくおれたちはその人から離れるような感じで移動して、しばらく浸かってから上がって更衣室に移動したんです」

「そこは露天の岩風呂と大浴場は別な場所にあって、岩風呂には専用のこじんまりした更衣室があったんですけど。ずらっと並んだ籠のうち、中身の入ってるのはおれたちの四つだけだったんですよ。残りは全部空っぽ。あれっ、今もう一人入ってるよな？なんて首をかしげながら体を拭いて。人がいたと思ったのは気のせいだったのかと思ってたら、タクヤっていう奴がどうしても気になるみたいで風呂のほうに確かめにいったんです」

「タクヤはすぐにもどってきたんだけど、青い顔して無言なんですよ。ろくに体拭かずにあわてて浴衣《ゆかた》着ようとしてるから『どうだったんだよ?』って訊いたら、『後で話す』って。さっさと一人で更衣室を出ていっちゃったんですね」

「おれたちもあわてて後を追うと、タクヤは早足で廊下を歩きながら『やばいよ、やばいよ』ってぶつぶつ言ってるんです。その様子見て尋常じゃないと思ったけど、おれたちはなんか苛々《いらいら》したんですよね、タクヤが何を見たか全然話そうとしないから。『結局誰もいなかったのか?』って訊いても『後で話す』って言うだけ。そのうち部屋の前にたどり着いたから、ひとまず中に入ってそれからゆっくり話を聞こうと思ったんですけど。部屋の入口の扉を見たらメモ帳くらいの紙がテープで貼ってあったんです。細めのマジックのすごく癖のある字で」

〈岩風呂に居ます〉

「そう書いてあったんです。なんだこりゃ？　って思って部屋番号とか確かめたけど、たしかにそこがおれたちの部屋で間違いなかったんです。念のためホテルの人にも訊いたけどそんな貼り紙してないって返事でした。だからよその部屋の人が連れに伝言しようとして間違えたのかな？　って首かしげてたら、いつのまにかタクヤが部屋からいなくなってて。トイレかと思ったらトイレは空だし、携帯も繋がんないんで休憩スペースやロビーを捜したけどいないんですね。だから『あいつ岩風呂にもどったんじゃないか？』ってことになって全員で見にいったんです」

「そしたら更衣室の籠が一つだけ使用中で、ホテルの浴衣と一緒に入ってた赤い派手なボクサーパンツが、あきらかにタクヤが穿いてたやつなんですよ。あいつ黙って一人で来てまた風呂入ってるのか？　ってびっくりして岩風呂を覗いたら本当にタクヤが湯に浸かってて。おまえ何やってんだよ！　って怒ったら『風呂入ってるに決まってんだろ』って怪訝そうに言うんですよ」

「とにかく上がれって言って無理やり上がらせようとしたら、なぜかものすごく抵抗されて。『いやだ、上がらない』って子供みたいに駄々こねて暴れるんですよ。おれたちはあきれるより怖くなっちゃって、でもさっきからタクヤの様子ずっと変だから、このまま置いて帰るわけにもいかなくて困り果てたんです。どうしようかと思って三人で顔見合わせてたら、一人が『あ！』って叫んだからおれたちもタクヤを見たら、湯に浸かってるタクヤがCGみたいに透けて、あいつの輪郭の中に後ろの岩が見えてるんですよ。おれたちがあたふたしてるとそのまま岩がどんどんはっきりしてきて、逆にタクヤはどんどん薄くなってとうとう消えてしまったんです」

「おれたちは当然パニックになったけど、結論から言うとタクヤはすぐに見つかりました。さっき捜したはずのロビーのソファで居眠りしてたんです。本人いわく『風呂でのぼせたから休んでた』っていう話で、岩風呂を出てからずっとそこにいたって。じゃあいつ風呂を上がったのかっていう話ですけど、それがどうもはっきりしない。岩風呂に入りに行こうって三人で部屋を出たあたりから記憶が曖昧だって。だからおれたちが今までのことを順に話したんですよ。でもあいつは『嘘だろ』ってまったく信用してませんでした。『おまえら酔っ払ってるのかよ?』とも言われたけど、そのとき誓って全員シラフだったんですよ」

「なんかそういうことがあったせいで、おれたち三人ともタクヤに対してよそよそしくなっちゃって。次の日は本当はいろいろまだ回る予定の場所あったんだけどその気になれなくて、なんだかんだ理由つけて切り上げて予定より早く東京に帰ってきちゃいました。卒業してからはなんとなく全員と連絡取ってません。なぜかタクヤからだけはいまだに年賀状来るけど、ずっと無視してるんです。でも律義に毎年届くんですよね」

顔パン

昔、健助さんは地域の子ども会でパン工場の見学に行った。

帰りに一人一個ずつできたての菓子パンをもらったが、健助さんのパンだけ表面がでこぼこして人間の顔のようになっていた。

誰かに言ったら不良品ということで工場の人に取り上げられ、普通のパンと交換されてしまう。

そう思った健助さんは同行した母親や友達にも見せず、そっとジャンパーの内側に隠して秘密にしていたという。

家に持ち帰ってからよく見ると、目も鼻も口も思った以上にくっきりと見分けられ、今にも喋り出しそうな顔である。

ただそれだけ完璧に「顔」になっていても、なぜか性別や年齢などはまるでわからない。きわめて抽象的というか、「顔という概念」を形にしたような不思議な顔だった。なんだかすごく芸術的な代物を手に入れたような気がして、健助さんはニヤニヤしてしまった。

食べるのはもったいないから袋入りのまま机の引き出しに隠して、時々開けて眺めたという。

だが何日か経つとパンの表面にぽつぽつとカビが生え始めた。

それでももったいなくて捨てられずにいると、カビはどんどん広がり、やがてその顔を気味の悪い模様で覆い尽くしてしまった。

相変わらずそのパンは人の顔に見えるが、今ではまるで立ち読みしたアングラな雑誌に載っていた腐乱死体の顔のようだ。

珍しいものだから捨てたくないという気持ちと、おぞましくて今すぐ捨てたいという気持ちの間を揺れ動き、健助さんは机の上に置いたパンをじっと見つめた。

健助さんの部屋には窓が二つあった。

机のすぐ前にひとつと、左側の壁にひとつ。

その左側の窓をこつこつと叩く音がしたので、はっとして顔を上げた健助さんはその窓を見た。

すると庭に知らない人が立っていて健助さんの部屋を覗き込んでいた。

つるっとした眉毛のない、表情のよくわからない顔だ。

ハンチングのような帽子をかぶり、明るい色のスモックのようなものを着ている。

男か女か、子供か大人かさえはっきりしない。

その人が健助さんと目が合うと、両手を前に差し出して「ちょうだい」のポーズをした。

なるほどそういうことか、と健助さんはすぐに理解したという。

そして袋入りのカビだらけのパンを手に取ると、窓を開けてその人に手渡した。

その人が立ち去るところを見た記憶がない。

まるでその場でかき消えてしまったようだった。

その晩健助さんは熱を出してうなされ、体中にカビが生える夢を見て何度も悲鳴を上げながら目を覚ましたという。

パンに浮かんでいた顔も、窓に訪ねてきた人の顔も健助さんは今でもよく覚えている。

性別年齢不明という共通点以外は、両者はまるで似ていなかったそうだ。

鏡ホテル

頼恵さんはあるとき、テレビで夕方のニュース番組を見ていて「おやっ」と思った。

事件や事故の報道ではなく、情報コーナーのような時間帯で画面には西日本のある町が映し出されていた。

頼恵さんは一度も行ったことのない町で、たしかその町の特産品か何かが紹介されていたのだと思われる。

だが頼恵さんは町並みが画面に映った途端に「この町は不吉だ」と思った。どう不吉なのかは自分でもわからない。ごく平凡な地方都市の景色だった。だが生理的にぞっとして鳥肌が立ってしまい、画面を直視できなくなったのである。

あわててリモコンを手にして、目を逸らしたままテレビに向けると電源を切った。

半年後、彼女は仕事でその町へ出張することになった。そのときはただ「ああ、いつかテレビで取り上げられてたあの町か」と思っただけで、どうして自分が鳥肌が立つほど嫌悪感をおぼえたのか、もはやさっぱりわからなかった。たまたまあの日自分の体調が悪かったのかな、くらいに思ってあまり気にもせず出張当日を迎え、新幹線と在来線を乗り継いで目的地へ向かった。

実際に現地に着いて、町を歩いたとき頼恵さんが思ったのは「猫が多いな」ということだった。

事前にネットでその町について軽く調べたとき、そんなことを書いている人は誰もいなかったのだが、とにかく行く先々につねに複数の猫がいる。餌をねだってついてきたりと人馴れもしているようだ。

頼恵さんはもともと猫は好きなのだが猫アレルギーなので、撫でたりしてかまっているとくしゃみが止まらなくなる。だから触りたくなるのを我慢して、適当に猫たちをいなしながらホテルにたどり着いた。

チェックイン時間前だったのでフロントに荷物を預けて、そこから仕事の相手に会って打ち合わせなどを終えて、食事もしてからホテルにもどってきたのは夜の八時過ぎ。荷物と鍵を受け取って自分の部屋へ行くと、安いビジネスホテルのわりに客室はきれいで広かったが、ベッドの脇の壁に大きな鏡が貼ってあった。

まるでラブホテルみたいだな、と思いながら頼恵さんは軽くシャワーを浴びると、来る途中コンビニで買ってきた缶ビールのプルタブを上げた。

早起きだったせいかアルコールが入るとたちまち眠くなり、何口か飲んだだけで意識を失うように眠ってしまったらしい。

いつのまにか頼恵さんは夢を見ていた。

野良猫がやたらと多い細路地を歩いていくと、一軒だけ道にはみ出すような変な位置に建っている家がある。

その家の玄関ドアが開いて女の人が顔を覗かせた。若い女にも老婆にも見える、年齢不詳ののっぺりした顔だ。

その女がひょいひょいと手招きしているので、頼恵さんはちょっと嫌だなと思いつつ近づいていった。

すると女は首をぐっと前に突き出して甲高い声で言った。

「おねえさん霊感ないでしょ？　なら大丈夫。これを持っていきなさい、これさえあればあなたのような人は大丈夫だから。霊感のある人はね、駄目なのよ。自分で穴掘って自分で落ちちゃうような人たちはね。結局何持ってても無駄なの、お手上げよ。でもおねえさんは違うから、これさえあれば大丈夫。ほら遠慮しないで持っていきなさい」

そうまくしたてながら女が押しつけるように渡してきたものを見ると、一輪の白いバラの切り花だった。

それを無理やり手渡されて、困惑しているところで目が覚めた。

「気味の悪い夢見ちゃったな」

そう思いながら身を起こした頼恵さんの手には、切り花ではなく中身の入った五〇〇ミリ缶が握りしめられていた。

こぼしてなくてよかったと安堵しつつ、缶を机の上に置くとあらためてベッドに入った。

だが今度はなかなか寝つけない。

頼恵さんは旅先で眠れなくなるタイプではないのだが、やはりさっきの夢のせいだろうか。

寝返りを打つとベッドの横の鏡が目に入り、彼女はおやっと思った。

鏡には机の上のビール缶が映っているのだが、缶の飲み口に何か差してある。

暗い部屋でぼんやり光っているように見えるそれは、一輪の白いバラだ。

ぎょっとして飛び起きた頼恵さんが直接机に目を向けると、そこには何も差さっていない、さっき自分が置いた状態のままのビール缶がある。

見間違いだったのか、とほっとして鏡に目をもどすとやはり白バラが映っていた。

頼恵さんはそのまま部屋を飛び出してフロントに向かった。

呼び鈴を十回くらい鳴らしたらようやく現れた男は、理由も言わず「部屋を替えて下さい」と訴える頼恵さんを胡散臭そうな目で見た。

それでもどうにか新しい部屋を用意してもらえることになり、男と一緒に部屋に荷物を取りに恐る恐るもどってくると、実物も鏡に映っているほうも、ビール缶には何も差さっていなかった。

だが室内は濃厚なバラの匂いで満たされていた。

一輪の花ではなく、まるで大きな花束があったような匂いだったという。

失神

　マリエの夫は家の近所にある森林公園を散策するのが好きだった。

　歩くのが嫌いで外出時は必ず自動車を運転するマリエは同行したことがないが、夫は毎日のように早朝の森を一時間以上歩いてくるらしい。

　散策中に植物や昆虫などの写真を撮影して、夕食時などに夫は喜々としてスマホの画面で見せてくれるが、自然に興味のないマリエはいつも上の空で受け流していた。

　そんなある日、

「これ見てよ、すごくきれいな蝶でしょ」

　図鑑で調べても何ていう種類かよくわからないんだよね、と言いながら夫が差し出したスマホには、緑と赤で不思議な模様を描いたような蝶の翅《はね》が映し出されていた。

　緑の地に赤で渦巻きを描いて、その上からさらに緑で星を足したような複雑な模様だ。

珍しく関心を示した妻を見て気をよくしたのか、同じ蝶をいろんな距離や角度で撮った画像を見せてひとしきり自慢した後、夫はぽつりとつぶやいた。

「でもこの蝶撮った後、ぼく失神しちゃってさあ」

「失神⁉」

驚いてマリエは聞き返した。

「うん、しばらくその場でのびてたみたいで、気がついたら地面に大の字になってた」

こともなげに夫は言う。

そういえば今朝は夫の帰りがいつもより二、三十分遅かった気がする。

ほらこっちの写真もよく撮れてるでしょ、とさらにスマホを見せようとする夫を遮り、

「なんで朝帰ってきたときにすぐ言わないのよ！」

マリエはそう少しきつめに声を上げた。

「ご、ごめんなさい」

夫は目を白黒させて、なぜ怒られているのかわからないといった顔で謝っている。

「散歩中に失神なんて、何か病気とかだったらどうするのよ」

マリエがそう諭すように言うと、夫は首を横に振りながら、

「大丈夫、病気なんかじゃないよ」

「どうしてそんなことわかるの」

「だって、気絶してるときすごく気持ちよくて、天国にいるみたいだったもの」

そう語りつつ何かを思い出したようにぱっと表情が明るくなった。


森の遊歩道に倒れていたとき、夫は夢を見ていたそうだ。

散策している近所の森林公園とよく似た、でもどこか印象の違う森の中を一人で歩いている。

すると道のむこうからとても目を引く鮮やかな緑と赤の服を着た子供たちが歩いてきた。

緑の地に赤で渦巻きを描いて、その上からさらに緑で星を足したような模様のシャツだ。

最初は二、三人に思えたが、後から後から続いて全部でいったい何十人いるのかわ

からない。

男の子も女の子もいるようだが、全員同じシャツを着ていて、どの子も天使のように綺麗な面立ちをしている。

その子供らが夫の行く手を塞いで立ち止まるといっせいに、

「がんばれ、がんばれ」

と囃《はや》したてるように騒ぎ始めたという。

華奢な体を揺すって、大きな声で口々に「がんばれ、がんばれ、がんばれ」とくり返す彼らを見て、夫は何のことかわからず困惑しつつも「ありがとう」とお礼を述べた。

すると一番前に立っていた女の子が騒ぐのをやめてぽつりと、

「おじさんに言ったんじゃないよ」

苦笑を浮かべてそう言ったそうだ。

「×××さんのおばあちゃんに言ってるんだよ」

別な子供が横からそう付け加える。

×××さんというのはマリエたち夫妻の自宅の裏手にある、クリーニング店を営む家の名字だ。

よく店番をしている、ちょっとふくよかな体型の老齢の女性の姿を夫は思い浮かべた。

この子たちは、あのおばあさんを応援しているのか？　でも何のために？

「がんばれ、がんばれ、がんばれ、がんばれ」

口々に叫ぶ彼らに交じって夫も思わず「がんばれ、がんばれ」と口にしていた。

声を合わせているうちに、しだいに興奮してきて目が覚めたのだという。


「何それ、変な夢」

マリエがあきれてそう言うと、夫はむきになって口をとがらせる。

「でもね、子供たちと一緒に叫んでると本当に気分がよかったんだよ。誰かを応援するって、あんな訳のわからないシチュエーションでも、けっこう気持ちのいいものだねえ」

そう言ってまたスマホの画像を眺め始めた。

次の日の朝、裏の×××さんのところのおばあさんが亡くなったという話をマリエはゴミ出しをしているとき隣家の奥さんに聞かされた。

亡くなったのは夜遅くだが、数日前から体調不良で入院しており容態が急変したのは前の日の早朝のことだったらしい。

マリエの夫が遊歩道で失神して夢を見ていたとき、おばあさんは危篤状態にあって懸命の治療を受けていたのである。

夫は今も毎朝の散策を続けているが、途中で昆虫や植物の写真を撮るなどの道草を一切やめてしまった。

総括

小暮さんの両親が若い頃、住んでいたアパートのすぐ横が児童公園だった。

一人娘である小暮さんが生まれるまで、夫婦は二年間ほどこの場所に住んでいたが、公園に人がいるところを一度も見なかったという。

べつに人が全然いないというわけではなく、遊んでいる子供の声や、お母さん方がお喋りする声は部屋まで聞こえてきた。だが両親の部屋の窓からは公園が見えず、仕事や買い物などの行き帰りに前を通るときはいつも無人だったのだそうだ。

べつに人のいないような時間だけ外出しているわけではまったくないし、偶然にしては奇妙だと思っていた。だが他に何もおかしなことはないし、そのうち気にしなくなった。

やがて妻の妊娠が判明し、夫婦は新居に引っ越すことになった。

当日、引っ越し屋のトラックが去った後で二人はアパート前の駐車場に停めてある車に乗り込み、新しいマンションのある町へと向けて出発した。

そのとき児童公園の前を通ったのだが、何気なく顔を向けた妻は思わず声を上げた。公園が人で一杯だった。それもちょっとやそっとの混雑ではなく、立錐《りっすい》の余地もないほどひしめきあっているところに、さらに上にも人が重なっているように見える。夫も一瞬チラ見して「なんだこりゃあ」と叫んだが、狭い道で後続車もあるので停めるわけにいかず、そのまま公園の前を通りすぎた。

妻が振り返って観察したところでは公園にひしめくのは子供と女性、それに老人が多く、いつも聞こえてくる声から想像していた利用者層そのものだった。

まるで今まで姿の見えなかった分をまとめて一度に見せられたような気がして、ひどくめまいを覚えたという話である。

店

恒輔さんの妻の実家から歩いて二十分ほどの、川べりにある広場だという。子供たちが何組かボール遊びをできる広さがあって、端っこにはコンクリート製のベンチがいくつか並んでいる。

妻の両親と一日中顔を突き合わせているのは息が詰まるので、恒輔さんは帰省中毎日のように一人でここを訪れていた。

逆に言えば、ふだんは正月の数日間しか来ることのない場所ということだ。

今は五月で、恒輔さんは妻と連休を使って義母のお見舞いに来ていた。

病院で会った義母は意外と元気そうに見えたが、帰宅してから義母の病状について義父が鬱々《うつうつ》と暗い見通しを語り出したので、用事があるふりをして恒輔さんは広場へ逃げ出してきたのだ。

初夏の強い日差しに、日蔭に入ろうと思って周囲を見渡す。

そのとき初めて、ここには立ち木が一本もないし、東屋《あづまや》の類も設置されていないということに気がついた。

だが周囲には他に公園のような場所がないし、喫茶店やファミレスなどもなかった。せめてコンビニで冷たいものでも買ってこようとベンチを立ち上がり、広場の出口のほうへ歩いていくと水色の看板が目に入った。

広場と細い道を挟んだところにある平屋が〈喫茶・軽食〉の看板を掲げていた。こんなところに店なんてあっただろうか。最近できたのかな、と思いながら中を覗いてみると客は誰もいない。

恒輔さんは個人経営の店は苦手で、チェーン店ばかり使うほうだ。まして他に客が誰もいないとなれば入るのを躊躇する。

だがテーブルに置かれていたメニューにかき氷の写真があり、それがあまりに魅力的なので思いきってドアを開けてみた。

「いらっしゃいませ」

どこか遠くから聞こえたような女の人の声だったという。

恒輔さんは入口付近でぼんやり立ったまま待っていたが、店の人は現れない。

だが「いらっしゃいませ」と言われたということは、客が来ていることは知っているのだろう。

すぐに案内されないということは、どの席に座ってもいいということだな。

そう思って恒輔さんは、奥の窓際の四人掛けのテーブルに着いた。

窓からはカラフルなポピーの花が咲き乱れる小さな庭が覗いていた。

花には陽があたっているけれど、窓は日蔭になっているし、どこからか気持ちのいい風が入ってきて店内は涼しかった。

恒輔さんはメニューを眺めながらしばらく待ったが、店の人は姿を見せなかった。

忘れられてしまったんだろうか？　そう不安になって店の奥の、厨房があると思われる戸口の奥に向かって「すみません」と声を掛けた。

「はーい、少々お待ちくださーい」

すぐさま女の人の声が返ってくる。

さっきと同じくらい遠くから聞こえてきたようだ。

だが考えてみたら、外から眺めたときの建物の広さと、今眺めているテーブルの並ぶ空間の広さはさほど変わらない。

つまり厨房にせよ事務所や住居部分にせよ、ここ以外に大した面積は残っているはずがないのだ。

それでは、今の女の人の声はどこから返ってきたのだろう?

「今いきますからー、ごめんなさいねー」

申し訳なさそうな女の人の声が聞こえてくる。

だが言っていることとは裏腹に、声は今までよりもさらに遠ざかっていた。

なんだか遠くに向かって歩いている人が、時々振り返って叫んでいるみたいな声だ。

恒輔さんは席を立ち、窓や戸口から外を眺めたが、声の主らしい人は見あたらない。

やはり建物の中にいるんだろうか?　でもいったいどこにそんな場所があるのか。

それまではただ不思議なだけだったが、恒輔さんは急に怖くなってきた。

理由はよくわからないけれど、ここにいるのはまずいと感じたらしい。

物音を立てないようにそっと出口に向かうと、また女の人の声が聞こえてきた。

だがその声は、もはや言葉が聞きとれないほど遥か遠くでしていたそうだ。

広場まで引き返してから後ろを振り返ると、建物に掲げられた看板の〈喫茶・軽食〉の字がなぜか裏返って鏡文字になっていた。

だが驚いた恒輔さんがまばたきしてよく目を凝らすと、文字は今度は正しい向きに直っていた。

まるでその建物自身があわてて取り繕《つくろ》ったように見えたという。

猫のシール

五年ほど前の夏の某日、彩音さんは仕事で得意先を回るあいまにカフェで休憩を取っていたそうだ。

冷房の効いた店内からガラス越しに見る町は別世界のようだった。つい十分ほど前は自分もそこにいたのに、のぼせた顔で行き交う人々や強烈な日差しが大スクリーンの映像のように現実感がない。

だがふたたびそこへ出ていかなければならないと思うと、途端に流れる汗の感覚がよみがえるようでもある。

トイレに寄ってから出口に向かうと、ちょうどカフェに入ってきた人たちとすれ違った。

五、六人の男女で大学生のような雰囲気。その人たちがちょうど彩音さんがいた席を含めた複数のテーブルを合わせて席をつくっているようだ。

外へ出たとたんに熱気が顔にぶつかってきてたじろいでしまう。気を取り直して歩みだそうとしたとき、

「すみませーん」

そう背後から女性の声がしたので顔を向けると、カフェの店員が駆け寄ってきたという。

「これお客さんの手帳じゃないですか？」

見れば表紙に猫のシールを貼ったグレーの手帳で、たしかに彩音さんのものだ。さっきの学生たちが見つけて店員に届けてくれたのだろう。彼女はお礼を言って手帳を受け取り、ガラス越しに店内を見た。

彩音さんがいた席に座っているショートヘアの女の子と目が合い、思わず会釈すると女の子も少し笑って頭を下げた。


その日の夕方。

会社にもどってバッグから手帳を取り出そうとしたとき、彩音さんは突然よくわか

らない違和感を覚えて、思わずバッグから手を引っ込めた。

明るいところへ移動して恐る恐る中を覗き込むと、スマホや化粧品ポーチと一緒に謎の灰色の物体が底に収まっていたという。

彩音さんはバッグを逆さにして中身を机にあけた。謎の物体は平べったくて固く、血のような染みがついた表面に見覚えのある猫のシールが貼られていた。シールはかなり色褪せているが間違いない、彩音さんが手帳に貼っていたものだ。

そう気づいてから眺めれば、物体にはたしかに彩音さん愛用の手帳の面影があったそうだ。

だがページが完全に癒着した一枚の板と化していてもはや開くこともできない。

どうすればバッグに入れっぱなしだった手帳を、他の中身やバッグ自体を傷つけずにこんなとんでもない状態にすることができるのか。

呆然と立ち尽くしている彩音さんの横にいつのまにか上司が立っていて、

「幹線道路とかで轢かれちゃった猫ちゃんって、ちょうどこんな感じよね……」

そうつぶやいて去っていったという。

美人

満男さんは交差点で信号待ちしていたら声をかけられた。振り向けば思わず二度見してしまうほどの美人。誘われるままに喫茶店へ行き、夢かと思いながら話していたらいつのまにか英会話の教材のセールスが始まっていた。

現実に引きもどされた満男さんが話を遮って「お金はないし買うつもりもありません」と告げると、女は急に話を変えて「この店には霊がたくさんいる」と言い出す。あちこち指さして「そこにも」「あそこにも」と言うので思わず見てしまうと、たいてい空席や誰もいない空間だったが、一人だけぽつんと壁を向いて立つ異様に薄っぺらい人影があった。

その様子も不気味だが女の態度も怖い。逃げるように席を立ってから気がついたが、人影は頭と尻が前後逆を向いていた。

怖い鯛

雑誌編集者の仁美さんが小学生の頃のこと。

彼女の父方の従姉《いとこ》の家が徒歩十数分の近所にあったので、仁美さんは週一くらいのペースで頻繁に遊びにいっていた。

その従姉の家の一室に、立派な木彫りの鯛《たい》が額に入れて飾ってあったという。

仁美さんはその鯛の顔つきがなんとなく怖くて、飾られている和室にはなるべく出入りしないようにしていた。

従姉によればその額は以前は居間の壁に飾られていたが、まだ幼かった従姉が怖がって泣くのであまり使わないほうの部屋に移されたのだそうだ。

「縁起のいいものなのにって親は不満げだったけど、なんか童話とかに出てくる悪者みたいに感じたんだよね。魚なのに妙に人間っぽい目つきだし、いじわるそうな感じ」

そう語る従姉は仁美さんとは五つ離れていて、すでに中学生になっていた。

「居間にあった頃はよく夢にあの鯛が出てきたんだよ。具体的には忘れたけど、なんかイヤミなこととか悪口をいっぱい聞かされて泣きながら目が覚めたりしてた。絶対あれ彫った人って性格最悪だったと思うんだよね、それが鯛の表情にも表れてるよ」

大人たちは彼女らの訴えがピンと来ないらしく、とくに伯父は木彫りの鯛をとても気に入っている様子だった。

そもそも古道具屋で見つけて買ってきたのも伯父なのだが、購入後自分で店から持ち帰る途中、道で転んで手首を骨折する大けがを負ったらしい。

その後も地震で鯛の額が壁から落ちてきたときには、たまたま下にいた伯父の顔に直撃して大出血、五針も縫ったそうだ。

だが伯父はまったく懲りることなく「これは大変縁起のいいものだ、我が家に幸運を呼び込む鯛だよ」と言い張っていた。

居間に飾っていた頃は、客が来るたび「この木彫りの鯛がうちに来てから、どれだけの幸運が舞い込んできたか」という話を喜々として語っていたらしい。

だが従姉によれば、伯父のそうした自慢話は「まったくのでたらめ、根もない嘘」ばかりだったのだという。

「これを飾ってから、宝くじで百万円が二回連続して当たった」

「庭を掘ったら小判の入った壺が出てきた」

「これを見た後で馬券を買って大穴を当てた友人がいる」

等々。

しかも客が帰った後で「あのときの小判、どこにしまってあったっけ?」などと真顔で奥さんに訊ねていたそうだから、伯父は自分の吹いた法螺《ほら》を信じ込んでいたのかもしれない。

お父さんはあの木彫りの鯛に取り憑かれてるのかも、と従姉は憂鬱そうに話していたそうだ。

のちに伯父夫妻が離婚して、従姉は遠方へ引っ越してしまい、その後はすっかり疎遠になっている。

噂では四十歳を過ぎた現在も独身で伯父と二人で暮らしているそうで、嫌っていたはずの木彫りの鯛を今では親子で崇《あが》め奉り、毎日手を合わせているのだという。

いったい従姉に何があったのか、仁美さんはずっと心配しているが、なんだか怖くて連絡が取れないままだという話である。

「最近思い出したんだけど、あの鯛が飾ってある部屋の前通ると、演芸場の客みたいに大勢が笑う声がよく聞こえたんですよね。ラジオでもついてるのかと思ってたけど、考えたら誰もいない部屋でラジオが鳴ってるのも変な話だし。笑い声のする位置も妙に高かったというか、ちょうど額が飾ってある高さだったのかなって」

仁美さんはそう語っていた。

揺れる

晴男さんが知り合いの高校教師の男性から聞いた話である。

男性の勤める学校は古くからの街道沿いにあり、敷地の一部がかつての刑場跡だと言われている。

そのせいかグラウンドで人魂を目撃したとか、夜の校舎で不気味なうめき声を聞いたといった話は後を絶たないようだ。

数年前の冬、男性は残業中に猛烈な眠気に襲われた。

仕事の続きは明日にして帰ろうと思ったが、眠すぎて立ち上がれないほどだったという。

今にも机に突っ伏して寝落ちしてしまいそうだが、それはまずいと思ったそうだ。

他の教員の目はともかく、校内にまだ生徒がいるかもしれないし、たまたま目撃されて「××先生は職員室で居眠りしてた」などと言いふらされてはたまらない。

だから無理やり立ち上がろうとしたところ、足もとがぐらりと大きく揺れた。

すわ立ちくらみかと思ったが、そうではないらしい。他の先生方が騒いでいる声が聞こえてきたからだ。

「うわっ地震かな」

「いや違うでしょこれは」

「変な揺れ方だな、生き物みたいだ」

「なんか怖いわあ」

そんな声があちこちでしている。

やがて揺れが収まると、男性の眠気も嘘のように引いて頭の中がすっきりしていた。

まるで眠気が今の揺れで、地面に吸い取られてしまったようだ。

そう思いつつ周囲を見ると部屋の中が妙に暗い。

照明が半分落とされ、その明るい側の机もみんながらんとしていた。

人の姿がない。

そんなはずはないと机の下までいちいち覗き込んでしまったが、やはり誰もいなかった。

他の先生たちはみんな帰ってしまった後のようである。

職員室に残っているのは彼一人だったのだ。

後から思い出すと、揺れているときに聞こえた話し声は同僚のどの先生の声とも違っていた。

女の声もしたはずだが、まるで男性が女性の声を真似ているような声だったという。

すべての声を〈一人〉が声色で演じて分けていたのではないか。

どうもそんな気がすると男性は語っていたそうだ。

シモダさん

喜与美さんが看護師になって間もない頃のこと。

夜勤明けに帰宅してアパートの玄関を開けたら、中から〈密室に人がずっといた気配〉のようなものがむわっと襲ってきたのだという。

ほとんど瞬間的に彼女は「シモダさんが来てたんだ」と思ったそうだ。

シモダさんは彼女が勤務する病棟に入院していた患者で、とても優しくて朗らかな中年女性だった。

喜与美さんは母親のように思って親しみを感じていたが、シモダさんの身体は病魔にじわじわと蝕まれていき、一週間前の昼間にとうとう亡くなってしまった。

亡くなったとき非番だった自分のところに、あらためてお別れの挨拶にきてくれたのかもしれない。

そう思いつつも、やはりちょっと気味が悪かったので喜与美さんは窓を開け部屋の空気を入れ替え、リラクゼーション用に買ってあるお香を焚いた。

それからベッドに入って眠りにつくと、夢に知らない男の人が現れた。

デフォルメされたイラストのような簡単な顔の男が、道のむこうから喜与美さんに手を振っている。

無視していたら近づいてきて、なれなれしく袖を引いてきた。大声を上げようとしたところ、その男が「シモダさんがお待ちですよ」と言ったので喜与美さんは驚いたという。

この人はシモダさんの知り合いなのだろうか。そう思いつつ男に手招きされるままついていくと、いつのまにか彼女は病院の近くの通りを歩いていた。

「こっちですよ」

そう言いながら男は坂道を上っていく。

この坂を上るのは初めてだな、と思いながら後を追うと男は一軒の家の門扉《もんぴ》を開けて中に入っていった。

そのまま男について庭を裏に回ったら、小さなプレハブの離れがあったという。

男がドアを開けて中を見せたので、喜与美さんは覗き込んだ。

するとベッドの床にちょこんと正座したシモダさんがにこにこと笑っていた。

お世話になっちゃったねえ、と頭を下げる彼女に喜与美さんは「とんでもないです」と恐縮し、涙ぐみながらシモダさんの薄くなった手のひらを撫でていると目が覚めた。

次の夜勤明けの際、病院からの帰り道に喜与美さんはふとその夢のことを思い出した。

妙に生々しい夢だったなと思いながら、実在しているその坂道のほうへ足を向けてみたという。

坂の下に立った途端、もしやという気がして彼女は坂を上りはじめた。

しばらく行くと見覚えのある門扉が見えてきた。まさかと思って表札をたしかめるが、取り外されていて空家のようだ。

そもそもシモダさんは治療のため転院してきた人で、自宅は病院の近所ではない。

そう自分に言い聞かせつつ、しかし手が勝手に門扉を開けて喜与美さんは中へと進んでいた。

家の横を通って庭に出ると、プレハブの離れがあった。夢と同じだ。

不安と胸騒ぎでぼーっとした頭のままふらふらと近づくと、彼女は思い切ってドアを開けてみた。

すると、がらんとしたフローリングの床が目に入った。

床には砂や枯葉が汚く散らばっていて、室内には誰もいなかった。

ただ隅のほうに、脱ぎ捨てられたように薄紫色の女物のパジャマが上下離れて落ちているのが見えた。

それは夢の中でシモダさんが着ていた衣服によく似ていたという。

怖くなってすぐにその場を離れ、喜与美さんは駆け足で坂を下っていった。

途中まるで喜与美さんに向かってそうしているように、深々と頭を下げた姿勢で道端に立っている女性がいた。だが怖かったので喜与美さんはその人から目を逸らし、振り返って確認したりもしなかった。

顔は見えなかったが、背格好がどことなくシモダさんに似ていたそうだ。

嘔吐

桂子さんが人生で一度だけ霊体験をしたのは、二〇〇八年の六月五日である。

どうして日付までわかるかというと、当時書いていたブログに記されているからだ。

その日彼女は仕事の帰りにクリーニング店に立ち寄った。

職場の同期の飲み会で泥酔した際、汚してしまったスーツを受け取りにいったのだ。

スーツの入った袋を手に提げて歩いていると、とあるマンションの下を通りかかった。

単身者向けらしい、少し古めかしいレンガ風の外装のマンションである。

ここでこないだ飛び降りがあったんだよな、と桂子さんはふと思う。

見れば足元のガードレールに立てかけられた真新しい花束があり、まわりにペットボトル飲料が何本か並んでいた。

そういえば泥酔していた晩も同じ道を通り、桂子さんはその場所で花束を見たのだった。

そのときは飛び降り自殺があったことは知らなかったものの「花を供えてるってことは、とにかくここで人が死んだんだな」と思ってしゃがみ込み、手を合わせたような気がする。

桂子さんは酔っ払うとなんとなく神社にお参りしたくなる癖があり、そのノリで取った行動なのだろう。

(そうそう、大きな菊の花を見ながら手を合わせてたら、急に気分が悪くなってきたんだった)

彼女は立ち止まって花束を見つめながら、その晩の記憶をよみがえらせていた。

(安らかにお眠り下さいって祈ってたら、なんか急に胃から込み上げてきちゃって……うわあ、思い出してきたぞ)

あの晩桂子さんは帰宅してからスーツが吐瀉物にまみれていることに気づいたが、いったいどこで吐いたのかは覚えていなかったのだ。

（そうか……ここで手を合わせたときだったのか。ということはたぶん、花束にも私のゲロが……）

目の前の花束にその痕跡はないが、きっと亡くなった人の遺族か友人が、怒りと悲しみに震えながらこの場を掃除し、新しい花束と取り換えたのだろう。

いたたまれない気持ちになった桂子さんは、お詫びのつもりで近くのコンビニへ行って花束をあるだけ買ってもどってきた。

それらの花を今ある花を囲むように供えて、このあいだはすみませんでした、とあらためて手を合わせる。

（どうかお許しください、あのときは酔っ払っていて、自分のしたことがわかっていませんでした。本当に本当にごめんなさい）

申し訳なさと恥ずかしさで身が竦《すく》むような思いだったが、しばらく手を合わせているとようやく心が落ち着いてきたという。

立ち上がった桂子さんは、もう一度花束に向かって黙礼した。

歩き出そうとすると、いつのまにか背後に立っていたおじさんと目が合った。

銀髪をきっちり七三に分けて品のいいシャツを着た、六十歳くらいの男性だったという。目が合ったとたんにその人がよどみない口調で話しかけてきたのだ。

「お酒はね、ほどほどに飲むなら百薬の長、吐くまで飲むなら毒と同じ。生きてるうちが花とは言ったもんでね、毒のある花もきれいでいいが、生きてこそだ。済んだことは気にしなくていいからお嬢さん、自分の人生を生きてごらんなさい。誠の心でねではお花ありがとう」

一気にまくしたてると、おじさんは颯爽と手を振りながら背を向けた。

桂子さんは呆気に取られて一言も返せないまま、遠ざかる後ろ姿に思わず手を振り返していた。

夜道でだんだん小さくなっていく背中はどう見ても幽霊ではなく生きた人間だったそうだ。

それにマンション最上階から飛び降りて亡くなっているのは、現場近くの大学に通う若い女性だったのである。

「考えられるのは、あのおじさんが亡くなった方の遺族か関係者で、花を供えた側の人だったという可能性ですよね。だからゲロまみれの花束のことも知っていたか、片付けたご本人だったのかも。だとすればなぜ私が犯人だとわかったのかは謎ですが……」

したがって桂子さんは、このおじさんのことは「幽霊」にカウントしていない。

おじさんが去ったのち、視界の隅で何か白いものがしきりに動いているのが気になって桂子さんは顔を向けた。

するとマンションのエントランスのガラスに自分の全身が映っていたのだが、その足元の地面から二本の腕がにょきっと生えて、桂子さんのふくらはぎ辺りをいとしむように撫でまわしていた。

気がつくと桂子さんは自宅の玄関ポーチで両手両ひざをついて、肩を揺らしゼエゼエと息を切らしていたという。

これが桂子さんの今のところ唯一の〈霊体験〉だそうである。

ウェルカム生首

十五年ほど前、神奈川県にある某大学近くのラブホテルに〈生首〉が出没した。

光毅さんの複数の友人が、客室に入った途端「ベッドの上に鎮座している女の生首」を目撃していたのだ。

瞬時に外へ飛び出て部屋を替えてもらった者。恐怖のあまりホテル自体から立ち去った者。気のせいだと自分に言い聞かせてそのまま部屋を利用した者。と反応はさまざまだったが、最後の対応をした友人の話では生首が出現したのは入室からせいぜい数秒間だけ。その後は朝まで二度と現れることがなかったらしい。

だからこの生首は光毅さんたちの間ではウェルカムドリンクをもじって「ウェルカム生首」と呼ばれていた。

そして友人たちの証言を聞き較べると、部屋の装飾や間取りに相違があり、生首は一つの部屋にだけ出ていたわけではないとわかったそうだ。

だがそのホテルで過去に事件、少なくとも生首という状態が発生するような猟奇的な事件が発生したという噂は聞かないという。


光毅さん自身はまだその生首に出会っていなかった。

のちに結婚することになる恋人とそのホテルは何度も訪れており、二人とも心霊マニア的なところがあったので友人たちの証言から「過去に生首の出た部屋」を推理し、まずはそこを集中的に利用した。

だが成果が出なかったので、その後は順番にひとつずつ部屋を潰していったがそれでも彼らは生首の歓迎を受けなかった。

こちらから怪現象に出会ってやろうという邪《よこしま》な気持ちがいけないのか？

もっと心をまっさらな状態にして、純粋に性欲のみで部屋を利用する者の前にのみ生首は姿を見せ、ウェルカムの意をあらわすのではないか？

そんなことも当然考えたけれど、彼女とも散々話し合った結果、光毅さんは一つの結論に達したという。

さんざん生首との出会いに血道を上げた挙句に、今さら怪現象への無関心を装ったところで手遅れだろう。

ならば逆を行くしかあるまい。つまり徹底してこちらから生首にアプローチをかけ「あんたがそこにいるのはお見通しなんだよ」という態度で攻めていくべきなのだ。

その結果祟られたならそれも本望ではないか。

このように覚悟を決めて二人はその晩もホテルにチェックインした。

選んだ部屋は以前にも泊まったことがあり、友人の目撃証言も得られている部屋だ。

とにかく部屋に入った瞬間が肝心であり、おそらくそれ以外にチャンスはないのである。

光毅さんたちがその日用意したのは〈生首の絵〉だった。

とにかく恐ろしい生首の絵がないかとネットを漁ったところ、昔の掛け軸に描かれていたいかにも恐ろしい血まみれの男の生首画像を発見したので、大学のプリンターで印刷して持ってきたのだ。

「これを広げてさ、見せつけるようにして部屋に入っていくわけだよ。そしたらウェルカム生首が対抗心を燃やして、舐められてたまるかって出現すると思うんだよね」

そう言いながら光毅さんがバッグから生首の印刷された紙を取り出すと、恋人はドアノブに手をかけて深呼吸する。二人ともいささか緊張気味だ。

よし、とアイコンタクトすると恋人がドアを一気に開き、光毅さんは生首の絵を「裁判所前で弁護士が掲げる〈勝訴〉の紙」のように掲げて室内へ突進した。

「えっ」

やや時代遅れのチープな装飾の施された部屋の入口で光毅さんは足を止めて、その場で絶句してしまう。

室内面積のかなりの部分を占める大きなベッド。

その上に鎮座しているものに視線は釘付けになっているのだが、それが何なのかがわからない。

続けて入ってきた恋人が光毅さんの横でやはり絶句している。

「お尻だよね、あれ」

やがて恋人がそうつぶやくのを聞いて光毅さんはハッとした。

まるでベッドの中に埋まっている人——たぶん少しふくよかな体型の女だ——が尻

だけを思いきり外へ突き出しているかのごとく、ただ切り取ったような丸い尻のみがベッドの上に存在している。

そう光毅さんが認識できた瞬間、ふっと尻は消えた。

「たぶん我々の〈目には目を、生首には生首を〉という攻めの姿勢に対して、『こっちには尻もあるんだよ』という懐の深さを生首側が示してきたっていうことだと思うんですよね」

そうしみじみと語った光毅さんは当時、周囲の仲間たちに「生首は見れなかったけど生尻を見てきたよ！」と報告して回ったそうだが、ただのくだらない下ネタだと思われ相手にされなかったという話である。

カーテン

約八年前、陽菜香さんは友達のマンションに居候していたとき隣家のカーテンが気になっていた。

居候していた部屋は二階で、窓からは隣の一軒家の二階がよく見える。その窓に架かったカーテンが、陽菜香さんが子供の頃に通っていた書道教室の家にあったのと同じ、見覚えのある柄だったのだ。

ラジカセやヘッドフォンなどの絵がポップに描かれた、いかにも一昔前のイラスト柄のカーテンである。少なくとも今どきありふれたものには思えず、すごい偶然だなと思いながらしばしば窓越しに眺めていたという。

そのことは友達にも話したが、友達は「へえー」と言った程度でさして関心を示さない。

だから誰か驚いてくれる人に知らせたいと思い、陽菜香さんは妹が同じ書道教室に通っていたことを思い出した。

さっそく隣家の窓の写真を撮って、画像を妹あてに送ってみたそうだ。

何も文面を添付せず画像だけ送ったが、妹はすぐに反応してきた。

何これすごく懐かしい！　という妹に陽菜香さんはあらためてそれが隣家の窓であることを知らせたという。

〈そういえば書道教室やってた××さん家って火事で燃えちゃったんだよね〉

妹からの返信にはそうあった。

驚いて詳細を訊ねると、妹もくわしくは知らないが最近火事で全焼したという話を誰かに聞いたのだという。

陽菜香さんは書道の先生やその旦那さんの優しい笑顔を思い浮かべ、無事を祈らずにいられなかった。

だが翌日妹からまた連絡があって、

〈ごめん昨日のガセだった！　火事になったのは全然別の家、書道の先生は元気だと思うよ〉

とのことだったので陽菜香さんはほっと胸を撫で下ろし、まったく人騒がせな妹だと思ったそうだ。

それから一週間も経っていなかったはずだという。

居候している部屋の隣家が火事になったのである。

幸い火はすぐに消し止められたため死傷者はおらず、マンションは外壁が煤《すす》を浴びたもののそれ以上の被害はなかった。

ただ窓から見える二階の部屋が出火元だったらしく、内部がかなり広範に黒焦げになった部屋に、例のカーテンは焼失して燃え滓《かす》も見当たらない状態だった。

出火時に陽菜香さんはバイトに出ていて留守だったのだが、たまたま休みだった部屋主が隣家の窓のカーテンが燃え上がるさまを目撃していた。

無人に見える部屋でカーテンがくるくると、まるで踊る少女のスカートのように動いていたのが印象的だったという。

不思議に思って眺めていたら直後にぽっと火がともり、たちまちめらめらと燃え上がっていったそうだ。

はたして火事のときカーテンがそんな動きを見せるのかは不明だが、出火原因は部屋にあった仏壇の蝋燭らしく、出火時に人がいなかったのは確からしい。

その部屋を寝室にしていた老夫婦は階下で来客とお茶を飲んでいたのである。

たたり

昭和の終わり頃、紀久子さんは親の所有する土地に新しく建てたアパートの管理人になった。

離婚した彼女がどこか働き口を探そうと思っていたときに、父親から持ちかけられ引き受けた仕事だったという。

管理人としての紀久子さんの住居はアパートの一室ではなく、彼女の住む一軒家とアパートが繋がっているようなつくりになっていたそうだ。

家とアパートはそれぞれ入口が別な通りに面していて、庭も柘植《つげ》の生垣で分けられているが、建物自体は背中が繋がっている。そして紀久子さんの住居の一階にはアパートの庭へ出る扉があってふだんは施錠されていた。

ただ月末になると住人が家賃を払いにくるので、扉の鍵は開けておいた。

「ノックとかいらないから勝手にドア開けて、声かけて下さいね」

そう住人たちには伝えていたそうだ。

そういうのどかな時代であったし、治安のいい土地でもあった。


管理人になって半年ほど経った頃に、紀久子さんはある住人から相談を受けた。

最近夜中に庭を歩き回っている人がいて気味が悪い、というのである。

相談してきたのは近くの工場で働いている若い男性で、一階の真ん中あたりに住んでいた。足音は夜の一時過ぎになると聞こえ、男性の部屋の窓の外を左右に何度も往復しているという話である。

住人の誰かならまだしも、泥棒などよからぬ企みの人間が敷地に侵入している可能性もある。

紀久子さんは家賃の受け取りの際、全員にそれとなく探りを入れてみることにしたそうだ。

ところが、相談に来た住人以外は口をそろえて「足音なんて聞いたことがないし、人がいるような気配も感じない」と答えたという。

一階に住んでいる人だけでも相談者以外に五人もいる。その全員が言下に否定しているのだから、これはやはり思い過ごしなのではないか。

そう思った紀久子さんは、くだんの男性にひとまず事実のみを伝えた。

すると男性はひどくがっかりした様子でこう言ったという。

「じゃあぼくだけなんですね……そうか、ぼくだけかぁ……」


その二ヶ月ほど後の正月、家賃の支払いが遅れている男性の部屋を紀久子さんが訪ねていくと、彼は布団から畳に這い出すような姿勢でうつ伏せに倒れていた。

亡くなってから三日ほど経っていたそうで、死因は特定されなかったが事件性はないものとされた。唯一の肉親だという年の離れた兄が男性の遺体とわずかな荷物を引き取っていった。


男性の部屋が空き部屋になってからしばらくすると、住人たちが「夜中に庭を歩き回る足音がする」と紀久子さんに相談してくるようになった。

亡くなった男性が言っていたのと同じことを、数ヶ月遅れでみな口々に訴え始めたのである。

これは捨て置けないと紀久子さんは夜中に懐中電灯片手にアパートの庭に様子を窺いに出てみたり、交番のお巡りさんにパトロールを頼んだりもした。だが不審者を発見することもできなければ、足音が聞こえなくなるということもなかった。

というのも、たしかに足音らしきものは聞こえるのだが、その主の姿が見当たらない。懐中電灯の光が照らす砂利や草の上を、それを踏みしめているらしい音だけが通り過ぎていくのだから、警官にも紀久子さんにも対処のしようがなかったのだ。


紀久子さんは両親から懇意の神社の神主を紹介され、お祓いをしてもらったが効果は見られず足音がやむことはなかった。

だがそれ以上の何かが起きるというわけでもなく、幸い住人たちも慣れのためか次第に落ち着きを取りもどしていったらしい。

ある住人はこんなことを紀久子さんに話したそうだ。

「足音の主は部屋で亡くなった男性じゃないですかね。あの人はたぶん死後の自分の足音を聞いてしまったから命を落としたんですよ。自分に祟られて死んだから浮かばれないんじゃないですか？　誰を恨めばいいか不明ときては、自分がこの世の何に執着してるのかもわからない。ずっと迷い続けるしかないでしょう……」

七年後に紀久子さんが再婚を機に管理人をやめたときも、庭の足音はまだ続いていたそうだ。

岸辺にて

功次郎さんの郷里の川に架かる鉄道橋から昔、飛び降りがあった。

五十年近く前のことである。

近くで釣りをしていた者がその瞬間を目撃し、下流で釣りをしていた別の者が流れ着いた遺体を発見したそうだ。

死んだのはその土地に療養に来ていた男子学生で、命にかかわる病気ではなかったものの、就職に不利になるなど将来を悲観したのではないかと言われた。

遺体が打ち寄せられたほうの岸辺近くに、功次郎さんの生家があった。

発見時のことはよく思い出せないそうだが、のちに川岸に幽霊が出るという噂が立ち、二つ上の姉と一緒に夜の川を見に行ったことを覚えているという。

姉は「人魂だ、人魂だ」と騒いでいたが、功次郎さんにはそれらしいものは見えなかった。

すると姉からは「おまえは鈍いからわからないのだ」と馬鹿にされた。

功次郎さんは腹を立て、絶対にこの目で幽霊を見てやるぞと決心したそうだ。


姉と出かけたのはまだ宵の口だったから、今度はもっと遅い時間に行こう。そう思って数日後、家族が寝静まるのを待って家を抜け出した。

危ないから夜は川に絶対近づくな、と親には言われている。

もし幽霊を見たとしても、それを人に話したら夜中に出かけたことがばれてしまうな。

でも見たら話さずにいられないよな。

そんなことを悩みながら川べりにやって来ると、土手の下に自転車が停めてあった。

誰かほかにも幽霊見物に来ている人がいるのかもしれない。そう思いつつ土手を上って行くと、少し離れたところに大きな麦藁帽子をかぶっているらしい人のシルエットが、かすかに見えていた。

「幽霊見に来たのかい」

その人が話しかけてきた。

功次郎さんが「はい」と返事をするとシルエットが揺れたので、うなずいているのかと思ったがどうやら笑っているようだ。

笑い声混じりの男の声が響く。

「幽霊は、出ないぞ」

功次郎さんが驚いて暗闇の中で目をぱちくりさせていると、声は続けた。

「おっちゃん毎晩見張ってるから知ってる。幽霊は出ないのだ」

「そうなんですか？」

子供のくせに妙にかしこまった口調で訊き返してしまって、男の声はそれも笑ったようだった。


マッチを擦る音がして、一瞬その火に照らされた顔が見えた。

おっちゃん、と自分で言っているにしてはまだ若い顔のようだったという。

煙草の煙を吐く息が聞こえる。

「ここに流れ着いた仏さんなあ、おっちゃんが見つけたんだぞ」

男の声のトーンが少し沈んでいた。

「まだ若い仏だったな、死んじまうなんてもったいないねえ。死んじまったらこうして一服することもできないのによ」

功次郎さんは男の言葉を聞きながら「この人が死体を発見したというのは嘘に違いない」と思ったそうだ。

若いくせにおっちゃんなんて名乗っているのは、要するに嘘つきだ。

周囲が真っ暗だからと思って、こっちが子供だからと見くびって、いい加減な話で騙そうとしているに違いない。

そう思って腹が立ってきた功次郎さんは黙って土手を駆け下りると、我が家へ続く道をとぼとぼと引き返していった。


一度振り返ると、土手の上にぽっと明かりがともるのが見えたという。

また煙草に火を点けたのだと思ったが、その火はなぜかいつまでも消えずに土手の上で左右に揺らめいていた。

煙草の火にしては大きすぎる。まるで人魂のようじゃないか……。

そう思ったとき、火の玉が土手と同じ高さをふーっとこちらに向かって飛んできて、たちまち功次郎さんの頭上に迫ったそうだ。

必死で夜道を駆けて家にたどり着くと、功次郎さんは朝まで布団の中で震えていた。

あの晩話した男が果たして幽明どちらに身を置く存在だったのか、功次郎さんには今でも判断ができないままだという。

空芯寮

平成の初め頃に弓恵さんは郊外に一軒家を買った。

中古だが築五年ほどで周囲の環境も良好である。適度に自然があって大型スーパーなど買い物できる場所もあった。

ただ家から見える距離に小さな墓地があり、そこがちゃんと管理されてないようで荒れているのが気になったという。雑草が伸び放題だしビニール袋や空き缶、ポリタンク、洗剤の容器などゴミが散らかっているのだ。

ある日弓恵さんは墓地の前を通りかかると、墓石の上に猫がいるのに気づいた。

そのとき初めてまじまじと墓地の様子を見たが、猫が寝ている墓の他に二つ墓が建っているようだ。

敷地の雑草は深いが、それぞれの墓石の前は誰かが踏み固めたようにきれいに草が分かれていて、彫られている文字が読めた。

どの石にも〈空芯寮〉とだけ彫ってある。

人の名前には思えないし、どうして三つとも同じ文字？　これって墓地じゃなかったの？

混乱する弓恵さんを前に、墓石の上で寝ていた猫がすっと立ち上がった。

その四本の脚が異様に細長くて、とうてい猫の体型には見えなかった。まるで蜘蛛《くも》みたいだと思った弓恵さんはぞっとして、すぐにその場から逃げてきたという。

友人を家に招いたとき、弓恵さんはその墓地での体験を話した。

「ちょっとぉ、怖い話聞かせないでよー」

その晩泊まっていく予定だった友人はそうぼやいたが、話を聞いてしまうと気になってしかたがないらしい。

「暗くなってからは怖くて無理だから、明るいうちにちょっと行ってみたい」

そう言い出したので、弓恵さんも何ヶ月ぶりかで友達を案内して墓地の前まで来てみた。

するとも相変わらず伸び放題の雑草とゴミに覆われていたが、肝心の墓石が見当たらない。

草に隠れているという話ではなく、三つあったはずの墓石が草の隙間からも、一つも見つけられなかったのだ。

移転したんじゃないの？　と友人には言われたが、草やゴミを動かさずに墓石だけ運び出すのはどうしたって不可能だろう。

二人で首をかしげながら帰ってきて、いったいあの墓地で何が起きたのかと夜通し推理し合ったけれど、目ぼしい仮説は思いつかなかったそうだ。

墓地だった土地には今では老人ホームが建っている。

ホームからは時々猫の鳴き声が聞こえるが、姿を見たことは一度もないらしい。

公衆便所

照雄さんが独立する前、働いていたデザイン事務所の近くに公衆便所があった。公園などの敷地ではなく道端にあるタイプの便所で、あまりきれいに使われているとは言い難い。

時には道を歩いていてもひどい悪臭が漏れてくることがあったという。

ある日の終電近く、照雄さんは駅に向かう途中にこの便所の前を通りかかった。ちょうど尿意を覚えていたところだったので立ち寄って用を足し、ふたたび先を急ぐ。

どうにか終電に間に合いそうだな、と時計を確認して照雄さんは首をかしげた。

便所に立ち寄った分いっそうぎりぎりの時間になるはずが、逆に三十分ほど余裕があるのだ。

時計が狂っているのかと思って携帯電話で確かめたが、やはり同じくらい余裕のある時刻を表示している。

結局終電の一本前に間に合ってしまい、電車に揺られながら照雄さんは「たしか前にもこんなことがあったぞ」と思い出していた。

高校生の頃、通っていた塾への道沿いに古い公衆便所があった。

やはり悪臭がひどくて、週に何度も前を通るけれど使ったことは一度もなかった。

ただその日はどうしても尿意が我慢できなくて、照雄さんは鼻をつまみながらその便所に飛び込んだそうだ。

今よりも潔癖だった当時の照雄さんは、変色した小便器の前に立つだけで憂鬱で、あんなに切羽詰まっていたのになかなかおしっこも出ない。

ようやく出し終えて手を洗い、これは遅刻かなと思って走り出した。

だが塾に着くと教室にはなぜか先生も生徒も誰もいない。臨時休講？　と思って窓口に訊きにいくと事務員さんに「あら、ずいぶん早いのね」と言われてしまう。

まだ授業開始時刻の三十分前だった。

そんなはずはなかったのだ。学校を出るときだいたい今くらいの時刻で、照雄さんは校舎の時計と自分の腕時計の両方で確認していたのである。

だがあらためて自分の時計を見ると、事務員さんの背後の壁にある時計と同じ時刻をちゃんと指している。

まるで駆け足で塾に向かっている最中、時間を超えて少しだけ過去に遡《さかのぼ》ってしまったみたいだ。

……と、そのとき照雄さんは思ったものだったが、今あらためて同じ経験をしてみると共通項として〈公衆便所〉が浮かび上がってくる。

それもかなり汚れて悪臭を放つ公衆便所を利用している、という共通点だ。

汚れて悪臭を放つ公衆便所には時間を巻き戻す力があるのではないか？

一種のタイムマシンの機能を持ち始めるのではないか？

そう考えて照雄さんは周囲の人たちに「公衆便所でそんな経験ってありませんか？」と訊ねて回っているのだが、今のところ同様の経験をした人には一人も出会っていないという。

口

美結花さんがまだ大学生で、実家に住んでいた頃のこと。

夕方頃に帰宅した美結花さんは、鍵をバッグから取り出しつつ家の前の駐車スペースを横切り玄関に近づいていった。

ところがドアまであと二メートルもないところで急に足が止まってしまう。

まるで透明な壁が前に立ち塞がっているみたいに感じられ、体がそれより前に進めなくなったのだ。

あまりの異常事態に頭が追いつかずパニックになりながら、美結花さんは両腕をひろげてそこらじゅうをやみくもに手さぐりしたそうだ。そのうちにふと「これは壁じゃない、顔だ」と気づいたのだという。

気づいたといってもはっきりとそういう肌触りがあったわけではないし、透明な障害物の形をたとえ両手で把握できたとしても、それが顔だとわかるはずもない。だがそのときは目の前にあるのは「巨大な顔」だとなぜか美結花さんは確信したらしい。

彼女は迷わず身を屈めた。顔ならばきっと〈口〉があるはずだと思ったのである。顔にあいている穴で最も大きいのは〈口〉だから、そこをくぐれば向こう側に行けるはずだ、という判断だった。

すると彼女は見事に〈口〉を通り抜けることができたようで、玄関のドアへと倒れ込むようにたどり着いた。そして鍵を開けてドアを引き、家の中へ転がり込んだ彼女はひとまずドアに施錠するとふーっと大きく息を吐いた。


「いったいなんだったんだあれは」

悪い夢から覚めたような気分で廊下の照明を点け、家の奥へ進もうとした美結花さんは違和感を覚えた。

外と較べて妙に気温と湿度が高いような気がする。家には朝から誰もいないしエアコンもちゃんと止まっているようなのに変だな、と思ってリビングを覗くと、違和感はさらに大きくなった。

部屋の形がなんだか歪んでいるのだ。ソファやテレビの配置はどれも知っている通りなのに、壁や天井の角度が変で、全体になんとなく狭い。隣の部屋も見たけれどやはり同様で、そこに置かれているインテリアは知っているものなのに、部屋自体が歪んで知らない場所のように見える。

美結花さんの部屋は二階にあったけれど、階段を下から見上げたとき、もう上る気力を失ってしまった。階段の一段ごとの高さがまちまちで、しかも二階に近づくほどあきらかに左右の壁の幅が狭まっていたのだ。

そうしているうちに家の中はさらに蒸し暑くなってきて、春の初めだというのにまるで真夏のように美結花さんは汗だくになった。うろたえて廊下を右往左往していると鍵を開ける音がして玄関のドアが開き、仕事から帰ってきた母親が入ってきたという。

「うわっ暑い、どうしたのよこれ！　エアコンの温度設定間違ってるんじゃない？」

そう言って手でパタパタと顔を扇いでいる母親に美結花さんは「エアコンなんてつけてないの！」と言いながら駆け寄って「家の前になんか透明な障害物みたいなのなかった？」と訊ねた。だが母親からは何を馬鹿なことを言っているのかという顔をされただけでスルーされてしまったそうだ。

ともかく部屋が歪んでいるところを見せなければと思って母親の手を引いてリビングを覗き込むと、荷崩れしたダンボール箱のようだった天井や壁の角度はすっかり元通りになっていたという。

他の部屋や階段も同じで、もはや見慣れたいつもの我が家の形が取りもどされていた。

ついさっき経験した一部始終を美結花さんは母親に説明したが、当然のように信じてもらえなかったそうだ。

再会

光二さんは中学の同級生だったNとバイト先で十五年ぶりに再会し、以来一緒に遊ぶようになった。

中学時代のNのことはほとんど印象にないが、喋ってみると気が合うし趣味にも共通点が多い。長いつきあいになりそうだなと思いつつ、ライブや旅行に出かけたり、酒を飲んで将来の夢を語り合ったりしたという。

だが再会から一年ほど経つと、急にNはつきあいが悪くなった。

飲みに誘っても断られることが増えたし、LINEの返信も滞《とどこお》るようになった。

仕事が忙しいわけでもなさそうだし、彼女でもできたのかと疑ったが本人は否定する。

そのうち光二さんも新しいバイト先で知り合った仲間との交流が増え、Nとはあまり連絡を取らなくなっていった。

ある日、光二さんのアパートの玄関チャイムが鳴った。

休日で遅くまで寝ていた光二さんが誰だろうと見にいくとNが立っていた。

おお、なんかひさしぶりだなと言いながら部屋に上げようとすると、

「いや、ここでいいから」

と言って靴を脱ごうとしない。

見慣れた肩掛けバッグの中をごそごそやっていると思ったら、

「悪いけどしばらくこれ預かってくれないかな」

Nはそう言って紙袋に入った四角いものを取り出した。

手提げ袋の口を折ってくるんである、弁当箱よりひと回りほど大きい品だ。

「なんだよそれ、やばいもんじゃないだろうな」

冗談めかして光二さんが言うと、Nは少し笑ってから紙袋を押しつけるように渡してすぐに帰ろうとする。

「えっ、ほんとに上がってかないの？」

光二さんが驚いて言うとNはちらっと振り向いて、

「来週あたり一度連絡するから、くわしい話はそのときにでも」

そう言い残すと立ち去ってしまった。


光二さんは紙袋をシューズボックスの上に置いて、それから二度寝をした。

夕方近く目が覚めてから玄関へ行くと紙袋があったので、あれは夢ではなかったんだなと思う。

しかし本当にやばいもんじゃないだろうな、と持ち上げて振ってみると、かさかさと微かな音がした。中を見るなと言われたわけでもないが、なんとなく躊躇《ためら》ったのちにちょっとだけ紙袋の口を開けて覗くと、クッキーの詰め合わせを入れるような金属の黒い長方形の箱が見えた。

中身は空ではないようだが、お菓子が詰まっているよりはずっと軽い。

もしかしたらNのやつ借金取りにでも追われてて、何かカタに取られそうな大事なものを預けていったんだろうか？

そんな想像をしつつ紙袋を押入れにしまうと、光二さんはNからの連絡を待つことにした。

だが翌週になってもNからは何も連絡が来ない。

翌々週も音沙汰なかったので、しびれを切らしてこちらから連絡を入れると「何のことかわからないんだけど」という返事がNからあった。

預かった箱のことだよと言っても話が通じない。Nは何も預けたものなどないと言い、そもそもこの数ヶ月のあいだ光二さんのアパートを訪ねていないと言い張った。

光二さんはわけがわからないのと腹立たしいのとで、説明を打ち切るともうこちらからはいっさい連絡を取るのをやめてしまった。


そのうちむこうから何か言ってくるかもしれないと思ったが、それもないまま二ヶ月ほどが過ぎた。

その頃にふと、光二さんはNがアパートを訪れた翌週に見た夢のことを思い出したという。

夢で光二さんのもとを訪れたNは、預けていた箱を受け取ると紙袋から取り出して蓋を開けた。

中には灰色の毛に覆われた何かが詰まっている。光二さんはすぐに「動物の死骸だ」と思ったそうだ。

だが四肢も頭も見分けられない、ただ箱一杯に隙間なく詰まったそれはぴくぴくと痙攣《けいれん》しているようだった。

「これは生きても死んでもいないよ、生まれる前の状態で保存してあるんだ」

Nはそう言って、灰色の毛の生えた物を手で愛おしむように撫でている。

なんとも嫌な気分で眺めていたら目が覚めた。

この夢のことを思い出すと急に箱の中身を確かめたくなって、光二さんは押入れの襖《ふすま》を開けた。

すぐ目につく場所に置いたはずなのに紙袋は見あたらず、雑然と物が並ぶ押入れの中を三十分ほど探したけれど出てこない。そんなはずはない、ともう一度探そうとしていたら玄関のチャイムが鳴った。

どうせ宗教か新聞の勧誘だろう、と思って無視しようとしたがなんとなく胸騒ぎを覚えたので玄関へ行き、ドアレンズを覗いてみた。

するとNが立っていたので驚いて光二さんはドアを開けた。

だが目の前にいるのはたしかにNのようだが、どこか様子がおかしい。

妙な言い方になるが〈中学時代のN〉の成分が多めというか、十五年前のNを体だけ大きくしたような男がそこに立っていたのである。

そのNらしき男は無表情なのか笑っているのかわからない、奇妙な表情でこう言った。

「悪いけどしばらくこれ預かってくれないかな」

声はたしかにNの声に似ているが、声変わり前の子供がわざと低くしているような不自然な声だ。

男が差し出した紙袋を光二さんは反射的に受け取った。

すると男はぎくしゃくした危なっかしい動きで通路を引き返していく。

その姿が視界から消えると、はっとして光二さんは紙袋を開けて中から金属の黒い箱を取り出した。

このあいだ受け取ったのと同じ箱のようだ。

蓋を開けると中には一枚の写真が入っていた。

写っているのは中学校時代の制服を着た光二さん自身だった。

だが笑顔でカメラ目線を向けている光二さんはどう見ても中学生ではなく、無精ひげの生えたごく最近の顔だ。

しかも背景に写っているのはどうやら光二さんの部屋の押入れのようだった。

こんな写真を撮られた記憶は全くない。

押入れをよく見ると襖が三分の一ほど開いていて、そこから床に置いた紙袋が覗いている。

忽然と消えてしまった例の紙袋であり、たった今受け取った紙袋そのものだったという。


光二さんは嫌な汗が背中を流れるのを感じて、写真を箱にもどすと袋に入れてそのままアパート前のゴミ集積所に置いてきてしまった。

収集日でもないのに紙袋は翌朝にはなぜか集積所からなくなっていた。光二さんはなんとなく、持ち去ったのはNのような気がするそうである。

線路があった

秋の終わり頃だったという。

善光さんはバイトでとある地方のショッピングモールに来ていた。利用者の数をカウントしたりアンケートを取ったりする仕事で、東京から他のバイトたちとともにマイクロバスで連れられてきたのだ。

人によって仕事の時間はまちまちだったが、善光さんは朝と夕方に集中していて昼間に四時間ほど空き時間があった。だから施設の周囲を散歩してみることにしたのだという。

モールは交通量の多い県道沿いにあったが、沿道の商業施設以外は何もないような土地だ。田畑でもないような草地や林が点在している。

善光さんは県道を離れて未舗装の細い道に入って行った。

紳士服量販店やパチンコ店の裏側を横目に見つつしばらく進むと、川があって橋が架かっていた。

その橋の上から川沿いの林を眺めていて、あるものに目が留まった。

林の中に線路があるのだ。

どうやら全体は草に覆われてしまった廃線路の、一部だけが覗いているらしい。

善光さんはもっと近くでよく見たいし写真も撮りたいなと思い、橋を渡り切ると林に踏み込む入口がないかと探した。

少し歩くと先のほうで誰かが林に入って行くところが見えたという。

それがスカートを穿いた女性だったので、整備された道があるんだなと思って善光さんもそこまで歩いていった。

だが見たところその辺りも木の間隔は狭いし下生えも深く、軽装で気軽に入れそうな様子ではない。

さっきの女性はどこへ行ったのかと不審に思ったけれど、何かの見間違いだろうと思って県道のほうへ引き返していった。

一日の仕事が終わり、善光さんたちの乗り込んだマイクロバスは東京に向けて出発した。

途中一度サービスエリアでトイレ休憩があり、善光さんはトイレを出てバスにもどる前に敷地内をぐるっと歩いてみた。

するとサービスエリアの裏にあたる林に街路灯の明かりがぼんやりと当たっていて、木々の間に古そうな線路が斜めにのびているのが見えた。

また線路か、と驚きつつ善光さんは目を凝らしたという。

やはりこれも廃線路らしく、草木の生い茂った中に線路の一部だけが露出しているようだ。

ショッピングモールのあった土地からはだいぶ離れているし、同じ路線ということはないだろうな。そんなことを思いながら眺めていたら、その線路の上を人影がふっと横切るのが見えた。

ほんの一瞬だったが、たしかにそれはスカートを穿いた女性の姿に見えたという。

バスにもどってからもよく考えてみたが、やはりあんな場所をスカートを穿いた人が歩いているのはおかしい。そのサービスエリアは山の中にぽつんとあるようなところで、しかも時刻は夜の九時過ぎだった。

そう思うと先ほどショッピングモールの近くで見かけた女性のことも急に気になってくる。

同じ女性だったとは、どちらも遠くに一瞬見ただけだから断言できない。

だが、二人の〈現れかた〉はあまりにも似すぎているのではないか？

これだけなら少し不思議な出来事というだけでいずれ忘れてしまったかもしれないが、少しだけ続きがあった。

翌年の春先に善光さんは同様のバイトで別な地方の商業施設へ行った。やはり昼間に長い休憩時間があったので施設の周囲を散策したそうだ。

そこは町なかとまでは言えないけれど、住宅と自然がまだらにあるような土地で、休憩するのにちょうどいい公園もあった。

コンビニで買ったコーヒーを飲みながらベンチで休んでいたら、足もとをころころと転がってきたサッカーボールがあった。

むこうの広場から子供が駆けてくるのが見える。善光さんはボールを蹴り返してあげようと思ってベンチから立ち上がった。

そのとき近くの植え込みの奥に何か気になるものが見えたという。身をかがめて覗き込むと、植込みと立ち木のあいだの地面を線路が横切っていた。

こんな場所に線路が？　と少し驚いていたら背後から「すみませーん」と声がしたので、善光さんは自分が足の裏で押さえていたサッカーボールを子供に渡し、ふたたび植込みのほうを見た。

するともうそこには線路など見当たらなかったそうだ。

ただ木の葉とゴミが少々散らかった、日蔭の地面があるだけだったという。

喪中

O市郊外の書店で働いていたとき、伊佐男さんには苦手な常連客がいた。

Aというその初老の男性はとにかく話し好きで、店が混んでいるときでも会計中に何かと余計な会話を挿し込んでくるし、空いていればなおのことレジ前に居座って無駄話を始める。

伊佐男さんは性格的にそういうタイプの客を捌《さば》くのがひどく苦手だったので、店にA氏が顔を見せるたびに憂鬱になっていたそうだ。


あるときA氏が来店したが、なんだか浮かない表情だったという。

「おれ今喪中だからさ、元気がねえんだよ」

伊佐男さんが何も訊いていないのにA氏はそう話しかけてきた。

いつもならそこから長話が始まるのだが、その日は発売されたばかりの雑誌を一冊購入するとすぐに立ち去った。

本当に元気がなかったみたいだな、と伊佐男さんは少し心配になったそうだ。

次の日もA氏は店に顔を見せたが、何も話さず何も買わず、なんだか虚ろな表情で店内を歩いたり立ち止まったりしていたと思うと、いつのまにかいなくなっていた。


それからA氏はすっかり店に現れなくなったが、聞けば伊佐男さんがバイトに入っていない日も同様らしい。

正直ほっとしたところはあるものの、あの日A氏が口にした「喪中」という言葉が伊佐男さんは気になっていた。

いったい誰が亡くなったのだろう？　奥さんに先立たれたとか？

店に来なくなったのも、もしかしたら、身近な人が亡くなったことと関係があるのかもしれないな。

そんな想像をしていると、なんだかA氏のことが気の毒になってしまったという。

また元気になって店に来てくれたら、今度は少しは長話につきあってあげてもいいかな。

そんなことを思っていたらある日の昼下がり、A氏がふらっと店先に現れた。ちょっと痩せたし顔色も悪いかなと思ったが、とにかく顔が見られただけでもほっとした伊佐男さんはA氏が近づいてくるのを待って声をかけようとした。

入口から伊佐男さんのいるレジはすぐ近くで、前を通って棚のほうへ行くタイミングで話しかけようと思っていたら、その前に姿が見えなくなっている。入らずに踵《きびす》を返したのかと思ったけれど、よく見ると店の奥のほうにA氏らしい背中がちらちらと覗いていた。

伊佐男さんはそんなはずはないと思ったが、見ているとやはりA氏の後ろ姿に間違いないし、着ている服もA氏の服装として一番馴染みのある緑色のブルゾンだった。なんとなく気になるところがあったので、レジを離れたときに伊佐男さんは店の奥へ様子を見にいってみた。

まだA氏が店を出ていくところを見ていないし、この店の出口は一つしかない。なのに狭い店内を一周してもA氏の姿を見つけることはできなかった。

初めのうちはそんなふうにちらっとでも顔を見せることがあったものの、次第にA氏は伊佐男さんの前に後ろ姿だけで現れるようになった。

いつのまにか店の奥に緑色のブルゾンを着た背中が立っていて、どんなに店が空いているときでもやがて見失ってしまう、ということが週に一、二度はあった。

その頃にはもうA氏の言っていた「喪中」が誰の喪中のことだったのか、伊佐男さんには薄々わかっていたということだ。

それでもA氏がその書店でまったく目撃されなくなるまでの半年ほど、不思議と他の店員たちとの間で「緑色のブルゾンの背中」を話題にすることはなかったそうである。

枕元

悠平さんと友人Mは大学時代からのつきあいで、当時は歩いて十分ほどの近所に住んでいた。

Mのほうが広い部屋に住んでいたので、溜まり場になっていたのはもっぱらMの部屋だった。そこから直接授業やバイトに行くことも多かったという。

ある夜いつものようにMのアパートで酒を飲んで酔っ払い、くだらないおしゃべりをしていたら悠平さんはいつのまにか眠ってしまったらしい。気がつくと朝で、その日は日曜日だったが昼前からバイトがあったので悠平さんはシャワーを借りることにした。

Mはまだ寝息を立てているが、いつものことなので黙って風呂場に行ってシャワーを使わせてもらう。タオルも勝手に借りて部屋にもどってくると、寝ているMの枕元に知らない男が立っていてじっと寝顔を見下ろしていた。

思わず悠平さんが「えっ」と声を出しても男は何の反応も見せない。しかも静止画像みたいに不自然なほど微動だにしないので、それが誰なのかという以前に「やばいもの」だと直感した悠平さんはそのまま部屋を飛び出て逃げてしまった。

寝ている友人を置いて逃げてしまった後ろめたさと、財布や携帯電話の入ったバッグを置いてきてしまったため、バイトへ行く前に悠平さんは恐る恐るMのアパートにもどってきた。

するとMはまだ寝ていたが見知らぬ男の姿は消えていた。悠平さんはMを揺すり起こして今さっき見たものを興奮気味に話した。ここって幽霊が出る部屋なんじゃないか？　と悠平さんが言うとMは眠そうな顔で「そんなわけないだろ」と苦笑している。

自分が寝ぼけていたことにされそうになり、むきになった悠平さんがその男の外見を克明に描写するとMの顔色が変わった。

「天然パーマっぽい髪で長さはこれくらい、背が高くて撫で肩で、よれっとしたミリタリーのコート着て、青いセルフレームの眼鏡かけてて……」

「なんでおまえ知ってるんだよ？」

それはMの夢に頻繁に出てくる男と瓜二つだったそうである。

男は夢の中ではMの親友であり、一緒に釣りに行ったりツーリングに出かけたりする仲だが、現実にはそんな知り合いはいないのだという。

しかも男が夢に登場するようになったのは彼が中学生の頃で、この部屋に住み始める何年も前のことだ。

「どういうことなんだろ？　少なくともこの部屋には関係ないよな……」

おれ、あの男に取り憑かれちゃってるのかな。そうぽつりと彼はつぶやいた。

しばらくのちに悠平さんは「あの男の夢ってまだ見るの？」とMに訊いてみたそうだ。

するとMは少し躊躇ってからMはこう答えた。

「見るけど、以前とはなんかおれとの関係が変わっちゃった感じなんだよね」

どういうことかというと、夢の男は今までは対等な関係で冗談を言い合うような気楽な仲だったが、最近はやたらと威圧的で命令ばかりするし、短気でキレやすくなったので、夢で男に会うたび憂鬱になるそうだ。

「こないだそいつがあまりに理不尽なこと言うからさ、こっちもブチキレちゃったんだよ。それで怒鳴りつけちゃったわけ」

『もうおまえとは絶交！　だから二度とおれの夢に出てくんなよな!!　わかったか!!』

「おれは夢だと知らずに現実と思ってそいつに接してるんだけど、なぜか口が勝手にそう言ったの。そしたらそいつすごく狼狽《うろた》えた顔して、なんか言い訳がましくもごもご言ってたけどずっと無視してたら、いつのまにかいなくなってたんだ」

なんかもうあいつは二度と夢に現れないような気がするよ。

そう語っていたMの表情は少し寂しそうだった。

あれから十年近い月日が経って、悠平さんは今もMとは友人だが夢の男の話はそれきり一度もしていない。

だが少し前からMは直毛だった髪がいつのまにか天然パーマ気味に癖がつき、あの朝枕元で彼の顔を覗き込んでいた男に外見が似てきているという。

最近めっきり視力が落ちてきたというMが先月つくってきた眼鏡は、青いセルフレームのものだった。掛けるとますますあの男に似ている気がする。

そのことを指摘すべきかどうか、悠平さんは今とても迷っているそうだ。

蠅じいさん

小久保兄弟が家の前の坂道で遊んでいるとき、ぶんぶんと大きな音が突然近くで聞こえると、いつも蠅《はえ》じいさんが立っていた。

それは頭のまわりに大量の蠅を飛び回らせているじいさんで、べつに不潔というわけではなく、ツイードのジャケットにネクタイまで締めている小ぎれいな老人なのだが、どういうわけか蠅の群れはじいさんから去らなかった。

だからじいさんの顔はいつも靄《もや》っていてよく見えない。蠅がぶんぶん飛び交う隙間から虚ろな目や半開きの口などがちらちらと覗くだけだ。

そしてじいさんはいつも突然現れるのだ。

遠くから徐々に近づいてくるということがなかった。

いきなり耳元で蠅の羽音がして、たまげて振り返ると蠅じいさんが立っているのだ。

小久保兄弟、とくに兄のほうはこの蝿じいさんに心酔していた。

初めは「うっとうしい、やかましい」と叫んだりして反発を覚えていたようだが、いつのまにか「蝿をあんなに連れ歩いてるなんてすごい。他の誰も真似できない」と絶賛するようになった。

だからじいさんが現れると必死にいろいろと話しかけるのだが、蝿がうるさすぎるせいか、それとも耳が遠いのか、じいさんからは目ぼしい反応が返ってこなかった。

そして家から母親の「ごはんだよー」の声が聞こえると、二人は惜しみつつじいさんと別れて玄関に向かい、ドアを開けてから振り返るともうじいさんの姿はないのだった。

ある日そのように家に帰ってきた小久保兄弟に、一匹の蝿がつきまとっていた。先に玄関に飛び込んでいったかと思うと、すぐにUターンしてきて二人の周囲を飛び回っている。

じいさんの蝿がついてきたぞ！

二人は喜んで手を叩かんばかりにその蠅を歓迎した。蠅も熱烈な歓迎に応えるように、二人の頭の回りを8の字を描いてぶんぶんと飛んでみせた。

食事中も蠅は二人のそばをいっこうに離れず、時には肩や箸に止まったりして兄弟を喜ばせた。

そんな二人の様子を見て母親が非常に気味悪がり、いつのまにか婦人雑誌の付録の家計簿を丸めた物を手にしていたらしい。

ばすん。

そんな音をたてて母親が卓袱台《ちゃぶだい》を打つと、とたんにあんなに賑やかだった羽音が途絶えた。

顔色を変えて立ち上がった兄弟の前で家計簿がテーブルを離れた。

そこにはじいさんの分身というべき生き物の無残な姿があった。

「あーあ」

落胆する二人に「あんたらアホか」と吐き捨て、母親は蠅の死骸をティッシュでつまみ取り、ゴミ箱へ放り込んでしまった。

その日以来、蠅じいさんは家の前の坂道にいっさい姿を現さなくなったそうだ。

母親の一撃が卓袱台に炸裂したのと同じ日に蝿じいさんは、町はずれの県道で大型トレーラーに轢かれてぺしゃんこになったらしい。そんな噂を聞いたけれど、兄弟はあまりに悲しくて真偽を確かめないまま今日に至っている。

札幌で冬季オリンピックの開催された年の翌年の話である。

あくりやつら

数年前に郊外の一戸建てで白骨遺体が見つかった。亡くなっていたのはその家に長年一人で住んでいた高齢女性で、事件性はなく病死だったとされている。

だが女性の生前書き残していたメモが大量に発見されると、そこには「あくりやつらにころされる」という文字がくり返し記されていたという。

「あくりやつら、いまだみているか。しってもこらえず、とりころされまぎれ」

そんな記述もあった。意味不明なのでおそらく認知症からくる妄想だったのだろう、とメモを見た人たちは納得したようだ。

その後、家が取り壊され跡地がコインパーキングになると、駐めてある車をおかっぱ頭の学生服の集団が覗き込んでいたという目撃情報が多数あった。

地元ではその集団こそ「あくりやつら」なのではと噂されているそうだが、さいわいまだパーキングで死亡事故は起きていない。

よしこちゃん

映像作家のCさんは愛車を運転して某半島をロケハンで回っていたとき、突然何かが道に飛び出してきたので急ブレーキをかけた。

あわてて車の外に出ると、周囲を確認したが人も鳥も動物も見当たらない。

だが軽い衝撃があったはずとボンネットを見ると泥を指でこすりつけたような汚れがあって、その汚れは〈よしこちゃんはしあわせでした〉という文字に読めたという。

朝家を出るときは絶対になかった汚れだ。気味が悪くなったCさんはボンネットを拭くと車を出してひとまずロケハンを続け、日が暮れる前には切り上げて帰宅した。


何日か後にCさんは夢を見た。野原で摘んだような花の束を抱えた幼い女の子がぞろぞろと現れて寝ているCさんを取り囲む。

「よしこちゃんはしあわせでした、よしこちゃんはしあわせでした」

そう言いながら次々と花を投げてよこすので、顔のまわりに溜まっていく草花の青臭いにおいがひどくなってたまらずCさんは目を覚ました。

すると口の中に苦い味がした。ティッシュに吐き出して見るとそれは土の付いた草の一部で、無意識に食べてしまったのか齧《かじ》った跡があったという。

それから一ヶ月くらいのあいだ、Cさんは街で幼い女の子に出くわすたび睨まれたりひどく怯えた目で見られたり、時には指さされて泣かれたりと散々な目に遭った。

今まで何度か仕事をしている子役の女の子に撮影現場で会ったときも、なぜかその子はひどく緊張してセリフや段取りを間違えまくった挙句、Cさんが演出をつけているときに震えながら白目をむいてとうとう失神してしまった。

数年後にその子に再会した際に「あのときは監督の顔が殺人鬼みたいに見えたんです」と言われたそうだ。

幻覚

早智代さんは高校生のとき熱を出して家で寝込んでいたら、枕元に人が立つのを感じた。

家族かと思って上目遣いに見れば、そこにいたのは坊主頭で顔のパーツが奇妙に真ん中に寄った子供だ。驚いて体を起こした彼女が振り返ると、子供はタタッと小走りに部屋を出ていくところだった。ふらつきながら立ち上がって後を追うと、廊下の壁に吸い込まれるように子供は消えてしまった。

不思議と怖くはなく、熱のせいで幻覚を見たのだと冷静に判断した早智代さんは布団にもどって寝直した。

目が覚めると違和感を覚え、まわりを見たら早智代さんは布団ごと廊下に出されてそこに寝ていたという。ちょうどさっき子供が消えた壁の真下だった。

祖母

響太さんの祖母はテレビの心霊特番が大好きだった。

小学四年生の時に祖母と同居するようになると、新聞のテレビ欄を毎日チェックして心霊関係の番組には必ずチャンネルを合わせるので響太さんは驚いたそうだ。

画面に映し出される心霊写真や再現映像、タレントたちが心霊スポットに突撃する様子などを誰よりも熱心に見つめていたという。

「もうすぐお迎えが来るからあっちのこともよく知っておかないとね」

冗談好きな祖母はそんなことを言っていたが、実際には別の理由があったようだ。

あるとき祖母がふとこんなことを言ったらしい。

「これだけたくさん不思議なことが世の中にはあるっていうのに、あたしにはあんまり参考にならないねえ」

母親によれば、祖母は若い頃にある離島の病院で働いていたことがあるのだが、その時期にどうやら常識では受け入れがたいような体験をしていて、そのせいで心霊特番に関心を持っているという。

祖母は当時のことは冗談交じりにほのめかしただけで、およそ具体的な体験談を家族に語らなかったようだ。

本人が話したがらないのを無理やり訊くものでもないから、結局祖母は体験を明かさぬまま亡くなってしまった。

けれどただ一人の孫であった響太さんにだけは、その一端を語ってくれたことがあったそうだ。

祖母によれば、勤務していた離島の病院は建物が古く増築を重ねた迷路のようになっていて、働き始めたばかりの頃は中でよく迷子になったらしい。

そのとき迷い込んだある部屋に「体は普通の子供の大きさだけど、顔だけが畳二枚分ほどある」女の子が寝ているのを見たというのだ。

頭が大きいのではなく、ただ顔だけが「畳二枚分」あったと祖母は記憶しているそうで、響太さんには具体的にどういう状態なのかちょっと映像が思い浮かべられなかった。ともかくそんな子を見てしまった祖母は当然同僚に話したそうだが、

「そういうことはあまり他人には喋らないようにしなさいね」

と先輩の職員から釘を刺されたそうだ。

どうも病院外に漏らしてはいけない秘密というニュアンスではなく、話すことで「あなたによくないことが起きるから」という意味で言われたらしい。

事実それから祖母の身にはさまざまなことが起きたらしいのだが、その先は「ばあちゃんの恥の話」だからと響太さんにも話してはくれなかった。

只同然の家

二十年ほど前のこと。

イラストレーターの克茂さんはいろんなジャンルの仲間たちと共同で一戸建ての空家を借りた。

明確な目的があって借りたわけではなく、仲間の知人の実家で家賃が只同然《ただ》というので、何か面白いことをする拠点としてとりあえず借りておこうという話になったそうだ。

隣家が離れていたからバンドや芝居の練習には都合がよく、連休にはかなりの人数が泊まって合宿所のようになることもあった。

だが、やがてこの家の二階について不気味な噂がささやかれるようになる。

二階の北側の部屋の押入れが、いくら襖を閉めてもいつのまにか開いているというのだ。

立て付けが悪いのは確かだが、むしろ開けようとしてもきつくてなかなか開かないにもかかわらず放っておくといつのまにか襖が開いているのだ。

押入れの中には行李《こうり》が三つ入っていたが中身は誰も見ていない。襖の噂が広まってからは「行李に何かやばいものが入ってるに違いない」と言い出す者がいて、ついに開けて確かめてみたのだという。

克茂さんもその場に立ち会っていた。蓋をとると、行李には男物のパジャマや部屋着ばかりが収められていたそうだ。しかもどれも値札が付いている。つまり一度も着ていない衣料品ばかりということがわかって、みんな微妙な表情で蓋を閉じると行李を押入れにもどした。

なんとなく皆その部屋を敬遠するようになり、開かずの間というほどではないがまったく使われなくなって一年ほど経った頃、家に空き巣が入った。

三週間ほど誰もいなかった期間なので、いつ侵入されたのか正確にはわからなかったが、窓が割られて土足で歩き回られた跡があり、なぜか高価なＰＣや楽器などにはいっさい手を付けられていなかった。

なくなっていたのは二階の押入れにあった三つの行李だけだったそうだ。

だが家主、つまり仲間の一人の知人の話では、そもそもそんな行李が押入れにあること自体初耳だったということである。

何年も前に一度家を取り壊そうとして、中身をすべて処分したから押入れは空っぽの状態で貸したはず、とのこと。

家の解体を中止した理由が克茂さんは気になったそうだが、空き巣騒動の直後に仲間たちと揉め事が起きて克茂さんはその家と関わりを断ってしまった。ゆえにそれ以上のことはわからないが、数年後たまたま近くに来たとき車で家の前を通ってみたら、家の隣の空き地に宗教系の派手な建物が出現していたという。

あの家にはまだ自分の知らない背景があったんだと思う、と克茂さんは語った。

壁髪

久保くんの住む賃貸マンションの前の道路には桜並木があった。

部屋の窓からの眺めはすさまじいほど見事だったので、毎年満開の時季に友達を呼んで自宅でささやかなパーティーを開くのが恒例になっていたという。

ある年の花見パーティーの日、久保くんが料理の仕込みをしているとインターホンが鳴った。

まだ開始予定の時間には早いが、ゆるい集まりだから来るタイミングはまちまちだ。久保くんはとくに確認もせず玄関のドアを開けた。

ところが、ドアの外には誰もいない。ふざけてどこかに隠れているのかと思い、エレベーターや階段のほうまで見に行ったがやはり誰もいなかった。

首をかしげつつ部屋にもどり、リブステーキや炊き込みご飯の準備を続けた。

やがてちらほらと友人たちが集まり出し、みんな酒を片手にベランダに出て歓声を上げたりしている。

久保くんも作業が一段落したのでビールのグラスを手にその輪に加わった。


「ほんっといい眺めですね、この眺めだけでお金取れますよ」

そうしきりに感心しているのは今年初参加になるケイちゃんだ。彼女は久保くんの職場に半年前から派遣で来ている子で、仕事もよくできるし、物怖じせず勤務外のいろんな集まりに積極的に参加している。

じゃあケイちゃんからは特別に観覧料もらおうかな、と久保くんが冗談で返したところ、彼女は真顔でこう言ったという。

「だけどこの部屋、桜の季節以外はわりとギャップありそうですよね。やばいものから桜が目を逸らしてくれてるっていうか。……あっごめんなさい、なんか失礼なこと言っちゃったかも」

あわてて謝るケイちゃんを見ながら久保くんは内心ひどく驚いて焦っていた。

彼女の言う通り、この部屋には実は「やばいもの」が時々出没するのだが、そのことを少なくとも職場の人には誰にも話していなかったのだ。

動揺を隠しつつ久保くんは「ケイちゃん、霊感少女みたいなこと言うねえ」と牽制《けんせい》してみたが、彼女はそのときはただ笑って何も言わなかった。

食べ物がおおかた片づいて、みんな二、三人ずつまったりとお喋りして過ごしていたとき久保くんの前にケイちゃんがふっと立った。

「ここですよね？」

そう言って彼女はいきなりダイニングの壁を指さしたという。

久保くんは答えられずに固まってしまう。

ケイちゃんが指さしているのはまさに「やばいもの」出現の現場であった。

「髪の毛……が出たりする感じですかね」

「そうなんだよね……」

とうとう小声で久保くんは打ち明けた。

夜中や明け方にトイレに行くときふとダイニングを覗くと、壁のその部分から黒い毛髪らしきものが束になって床へと垂れていることがあった。

それはまるで壁に穴が開いて、髪の長い女性が頭だけ突き出しているような異様な光景なのだそうだ。

隣室で十年ほど前に住人が自殺しているという話を久保くんは聞いており、たぶんそのことと関係がある現象なんだろうと思っていた。

目隠しになるように壁に大きめのキャビネットを置いたこともあるが、髪の毛はキャビネットを突き抜けて現れてしまったという。結果的に怪現象との物理的な距離を縮めることになったため、今では元通り壁をむき出しにしてあるのだ。


「そういうの見える人だったんだね、知らなかったよ」

久保くんの言葉にケイちゃんはうなずく。

「子供の頃はもっと日常的にばんばん見てたはずなんですけど、これでも今はだいぶ鈍くなっちゃいました」

それから、壁に向けていた視線を彼女は窓へと移した。

「でも髪の毛、桜咲いてる時季には出たことないんですよね？」

「そうなんだよ、じゃなきゃうちにみんな呼べないって」

苦笑いして久保くんは答えたが、ケイちゃんは真面目な顔で外を見ている。

「たぶん桜の季節は、死んだ人も桜のことが気になってあんまり人間のことはかまわないんじゃないですかね？　だってほら、こんなに嘘みたいにきれいなんですから、あっちの人たちもひたすら見とれちゃいますよ」

そう言って彼女は窓を少し開けた。

薄桃色の花びらが一枚、隙間から舞い込んでくる。

友人たちが帰った後で久保くんが片づけをしていたらインターホンが鳴った。

誰か忘れ物を取りに来たのかな、と思って確認せずにドアを開けたが外には誰もいない。

人の気配のない、蛍光灯にちらちらと照らされた通路を見つめながら「そういえばパーティーが始まる前にも同じことがあったな」と久保くんは思い出していた。

夜はけっこう冷え込んでいたけれど、久保くんはしばらく窓を開け放って満開の花の気配が部屋に流れ込むにまかせていた。

そうしておくと、なんとなく〈祓える〉ような気がしたのである。

裸足の町内会長

喜美枝さんは大学へ通うために、実家より近いという理由で叔母の家に下宿していたことがある。郊外の一軒家で周囲に家はまばら、一番近いコンビニまで車で五分という立地だった。

ある休日、叔母たちは外出していて家には喜美枝さんだけがいた。インターホンが鳴り、町内会長のカトウです、と男の声が名乗ったので喜美枝さんは玄関のドアを開けた。ドアの外には初老の小柄な男が立っていた。叔母たちが留守だと伝えると男は「ではこれを渡しておいてください」と何やら印刷された紙などを渡してきたが、受け取りながら喜美枝さんの目は男の足もとに釘付けになっていた。

男は裸足《はだし》だったのだ。

裸足にサンダルというのではなく、素足でじかにポーチに立っている。

ではよろしくお伝えください、と頭を下げて男はぺたぺたと道を歩いて去っていった。

叔母が帰宅すると喜美枝さんは早速この話をした。それって不審者じゃないの⁉と叔母は顔色を変えたが、残されていた書類はたしかに町内会長から今日受け取るはずのものだったようだ。

会長さんどうしちゃったのかな、と叔母は心配そうだったが、そもそも会長の家からは歩いて来られる距離ではなく必ず車で来るはずなのだという。

叔母の家にいる間に、喜美枝さんはもう一度だけ町内会長の姿を見たことがあった。

叔母の運転する車で一緒にスーパーへ行く途中、道の反対側に立ち止まって手を振る町内会長の前を通過したのだ。

そのときも会長は裸足だったので、喜美枝さんは色めき立ち叔母と「今の見た⁉」と言い合ったのだが、どうも話が微妙に食い違うのでよく聞けば叔母が見たのは町内会長の姿ではなかった。

彼女には、道端に立って首を振る一頭の黒い馬が見えていたらしい。

冷蔵庫

智沙子さんが以前バイトの仲間たちとの飲み会で、ある男の子からこんな話を聞いた。

そのヒロミという子はドライブが趣味で毎週のように一人で遠出していたが、あるとき初めて来た土地で畑の中の一本道を走っていたら、きれいに除草されているのに使われていない土地があって、そこにぽつんと冷蔵庫が置かれていた。

不法投棄されたものだな、と思って横目に見つつ通りすぎたけれど、何か気になるところがあったヒロミは車を停めて、バックしてその冷蔵庫の前までもどってきた。

両開きのドアの、家庭用冷蔵庫としては最も大きいタイプだろう。ヒロミは家電を扱う店でバイトしていたことがあるので知っていたが、二、三年前に売られていた製品だから棄てるにはまだ早過ぎるし、屋外で風雨に晒《さら》されているにしては妙にきれいなのも気になったそうだ。

車を降りて近づいてみると、冷蔵庫のまわりの地面に何かきらきらしたものが散らばっているのがわかった。さらに近づくとつんつんと飛び出した毛のようなものが目に入る。

それは地面に敷き詰められたようなたくさんの羽虫の死骸だった。

虫が苦手なヒロミはぞっとしてたちまち車に逃げ帰って発進させた。運転している間もしばらく鳥肌が消えなかったそうだ。

本当は夜までドライブを続ける予定だったが気が萎えて早めに切り上げ、夕刻には帰宅した。早かったね、と母親に言われたので昼間見た冷蔵庫と虫の死骸の話をしたところ、

「それって冷蔵庫の中に死体でも入ってたんじゃないの？　それで虫が集まってたんじゃゃない？」

なぜか目を輝かせてそんなことを言われた。ヒロミは考えてもみなかったけれどたしかに可能性はあるかも、と思って「警察に言ったほうがいいのかな」とつぶやいたが、

「それだけじゃ警察が動くような証拠は何もないから、とにかく冷蔵庫のドアを開け

てみなきゃダメよ」

そう母親が主張してきて、いつのまにか翌日一緒にふたたび現場を見に行くことになってしまったという。


ところがいざ次の日に現場へ来てみると肝心の冷蔵庫がなかった。地面の羽虫の死骸も一匹残らず消えてしまっていた。

母親はがっかりしたような顔で「ここじゃ死体が見つかると思ってもっと人目につかないところに移動させたのかも」などと言っている。

とにかく何もないならしかたないと車を出して、畑と林が交互に続く一本道を二、三キロほど走ったところで道沿いの草むらの中にぽつんと大きな冷蔵庫が立っているのが見えた。

驚いて車を停めて歩いて近づくと、両開きの冷蔵庫はたしかに昨日見たのと同じ製品だったという。場所を間違えてたんじゃないの？　と言う母親に「いや絶対さっきの場所だったって。誰かがわざわざ移動させたんだよ」とヒロミは答え、二人で間近までやって来たところで母親が「あっ」と小さく声を上げた。

母親が指さしたところを見ると草の間から尖った黒いものが飛び出していた。

それはカラスのくちばしで、まわりをよく見れば冷蔵庫の前の草の中に十羽以上のカラスの死骸が散らかった羽根とともに落ちていたという。

血の気が引き足が竦んでいるヒロミを後目に、母親は無言で足元のカラスをよけながら冷蔵庫の前まで進んでいった。

そしてドアを両側に一気に開け放つ。

すると、中はからっぽだった。

だが本体といわずドアといわず、内側にはびっしりと経文のような文字が書かれていたそうである。

母親は無言のまま、冷蔵庫や地面にスマホのカメラを向け続けた。


帰りの車中でスマホを確認していた母親が騒ぎ出したので何事かと訊けば、きちんと保存を確認したはずの画像ファイルが全部壊れて開けなくなっているという。

撮り直したいからさっきの場所にもどってくれ、と言う母親の訴えを今度はさすがに強めに拒否して、ヒロミはまっすぐ自宅へ車を飛ばしたという話である。

廃校になった母校に行ってみた

昭和五十年代の話である。

敏志さんが通っていた小学校が、卒業してから五年後に近隣の他の小学校と統合されて廃校になった。

敏志さんはすでに別の県に引っ越していたが、廃校の話を聞くと寂しさと興奮の混じった妙な気分になり、いてもたってもいられなくなったらしい。

ある日の放課後、通っている高校からの帰りに家とは反対方向の電車に衝動的に乗り換えると、そのまま二時間半ほどかけてかつての母校へたどり着いた。

すでに日が暮れて闇の中にある校舎は、敏志さんが通っていた頃と何も変わっていない。ただ学校としての機能を停止している今は、防犯のための照明を落としているのか全体が暗かった。

妙なたとえだが「海の底に沈んだ学校みたいだな」と思ったそうだ。

校舎内に侵入するのはさすがにまずいというか、周囲は田舎とはいえ民家もあるし、万が一通報されたりしたら面倒だ。

そう思ったので最初は道路から塀越しに眺めていたが、

「建物にさえ入らなきゃ、その周囲を歩き回るぐらいはいいだろ。卒業生なんだし」

気が変わってそう結論づけた敏志さんは、裏門を乗り越えて懐かしの母校の敷地に侵入した。


何の準備もなくやって来たから当然、懐中電灯も持っていない。

街灯の届かない領域にさしかかると、暗すぎて自分がどこにいるのかふと忘れそうになる。

「そうそう、おれは廃校になった母校に来てるんだ」

自分に言い聞かせながら歩いていくと、やがて体育倉庫の前に出た。

敏志さんは体育の授業のときに校庭に石灰で線を引くのが好きで、今ならあれが好きなだけ引けるのではないかと思い立った。

なんだか母校を見納めに来たという趣旨とは違ってしまうが、まあいいか。そう思って扉に手を掛けてみたら施錠されていないらしい。がらがらと引き戸を開けると、外よりもいっそう深い闇があった。

目が慣れてきたらどうやら倉庫内は空っぽだということがわかったという。目当てのライン引きも、もちろん見当たらない。

がっかりして外へ目を向けると、今度はグラウンドが妙に明るく見える。

室内に目が慣れたことの反動かと思ったが、どうもそうではないようだ。地面も校舎も、鉄棒やジャングルジムやブランコ、それに敷地を囲む塀や桜の木も、みんなぼんやりと黄色い光を浴びて明るくなっている。

何事かと思って敏志さんが空を見上げたら、そこには巨大な月が浮かんでいた。たんに見事な満月というのではない、夜空の三分の一くらいを占めている、見たこともないような月だ。

クレーターがただの模様ではなく、くっきりと深さを持った陰影として頭上に広がっている。

敏志さんはしばし口をぽかんと開けてその異様な光景に見とれた。

帰りの電車に揺られているとき我に返り、

「あんなにでかい月が現実にあるわけがない」

そのことに敏志さんはようやく気がついたという。

車窓から見える月は、ごく普通のサイズでのどかな田んぼの景色を照らしていた。

肉顔

一昨年《おととし》の春、秀志さんは小学校の同級生だったアツヤにひさしぶりに会った。

少し酒も入って楽しく話しているうちに、ふとこんな記憶がよみがえってきたという。


アツヤの家は母子家庭で、働いている母親の代わりに近所に住む祖父母がアツヤの面倒を見ていた。

だからアツヤと遊ぶときはもっぱら祖父母の家に行くのだが、その家には優しそうなおじいさんとおばあさんの他に、もう一人おばあさんがいた。

だがその人は二階の部屋で寝たきりで、けっして一階には姿を見せない。アツヤと遊ぶのはいつも一階か外だったから、秀志さんは寝たきりのおばあさんの顔を見たことはなかった。

一つの家に二人おばあさんがいる、という状況が秀志さんにはよく飲み込めなかった。

「二階のおばあさんは親戚の人なの？」

そうアツヤに訊ねた記憶もあるが、曖昧にはぐらかされたように思う。

子供心にも、他人の家庭のことをあれこれ詮索すべきでないと思い、それ以上は訊かなかったのだ。

ただ、アツヤの祖父母の家では妙な出来事もあって、トイレを借りるため廊下に出ると床に点々と生肉が落ちていることがあった。

肉屋で普通に売っている、たぶん豚バラか何かの薄切り肉だ。

それが点々と廊下に落ちているので、踏まないようにしながらトイレと部屋を往復する。

アツヤにそのことを指摘すると、

「ばあちゃんが落としたんじゃないかな。おっちょこちょいだからさ」

とわざとらしい感じに明るく言われた。

何度か同じことがあって、しだいに慣れてしまって秀志さんも気にしないようになっていったのだ。

そんなことをいろいろと思い出したので、

「おまえの祖父母の家に、寝たきりのおばあちゃんがいたよな」

いい具合に酔いが回った頃に、秀志さんはそう話題に出してみたそうだ。

するとアツヤはちょっと間を置いてからうなずいて、こんなことを言う。

「寝たきりってことにしてたけどな、本当は違うんだよ」

「そうなのか？　実際は元気だったってことか？」

んー、とアツヤは否定とも肯定ともつかない声を出す。

「寝たきりってことにしてたほうが体裁がいいっていうか、まあ世間体もあるからさ」

「よくわかんないけど、二階に誰かいたのは確かだよな？」

とろんとした目をこちらに向けて、アツヤがうなずく。

「立ち入ったこと訊いて悪いけど、あれっておまえとどういう関係の人だったの？」

「おれとは関係ないよ。あの家と関係あるっていうか」

「でもあそこって、おまえのお母さんの実家だろ？」

「ああ、そうだけど。でもあの家を建てた大工、何人も死んでるし」

「えっそうなの⁉　……でもそれと二階の人、どういう関係があるんだよ」

「長生きの人が一人でも多くいないと、バランスとれないだろ？」

なんだか話が噛み合わない。

もしかして自分が酔っ払っているせいなのか？　そう思った秀志さんは席を外し、洗面所で顔を洗ってからテーブルにもどってきた。

するとアツヤも席を外していて、しばらく秀志さんは一人でチューハイを飲んで待った。

遅いな、と思ってちらちらと時間を確認するが、荷物は置いてあるので帰ってしまったわけではないだろう。

三十分以上経って、便所でぶっ倒れてるんじゃないかと心配になった頃、

「ああ、ごめんごめん」

そう言いながらもどってきたアツヤは汗だくだった。

「どこ行ってたんだ？」

「いや、なんかおれ説明が下手だからさ」

論より証拠だと思って、と言いながらアツヤがスマホを取り出して弄り始めた。

ほら、と差し出された画面では何やら動画の再生が開始している。

「おまえ何か撮りにいってたの？　何撮ってたんだよ？」

なぜか鳥肌が立って引き気味に訊くと、アツヤはこともなげに答える。

「二階のばあちゃん」

「えっ、二階にいた人ってまだ生きてるの？」

それには答えず、ただにやっと笑うと顎で「画面を見ろ」と促してきた。


映っているのは倉庫のような殺風景な広い場所だった。

弱々しく照らす蛍光灯の光の中を、カメラをやや下に向けながら進んでいく。

音声は消してあるのか足音は聞こえなかった。

やがて前方に、床に置かれたダンボール箱が見えてきた。

箱を見下ろす位置までやって来ると、画面に片手が現れて蓋を開けた。

だが光が箱の中まで届かず、なんとなく赤みがかったものが底にあることしかわからない。

よく見えないのは画面が暗いせいもあるが、秀志さんがアツヤのスマホにあまり顔を近づけたくないからでもあった。

というのも、スマホがなぜか異様に臭かったのだそうだ。

腐りかけの肉のような嫌な臭いがするので、あまり顔を近づけたくない。

だから何が映っているのか判然としなかったのだが、そこでカメラがぐっと箱に接近して、ようやく中の物がはっきり見えるようになった。

すると豚バラか何かの薄切り肉が、段ボールの底にこんもりと山盛りに並べられているのがわかった。

その肉が人間の顔をかたちづくっていたのである。

並べられた野菜が人の顔に見える騙し絵があるが、あれを肉で再現したようなものだったという。

「なんだよこれ……」

そう秀志さんが困惑していると、画面に映る肉の顔の表情がにわかに変化して、孫を見つめる老人のような優しい面持ちになった。
二、三度まばたきをしたことも覚えているそうだ。
「な？　わかっただろ？」

アツヤは満足げに言ってスマホをポケットにしまった。

だが呆然として言葉の出ない秀志さんに気づくと、ふたたび取り出して動画を再生しようとしたので、秀志さんはあわてて「わかった！　わかったから！」と言って止めさせた。


それから何を話したかはよく覚えていない。

アツヤからはもう一軒行こうよと誘われたが秀志さんは断ったという。

日付もそろそろ変わろうかという時間にもかかわらず、アツヤがしきりに行きたがっていたのは焼肉屋だったそうだ。

笑ってない女の子

祐太さんが専門学校に通っていた頃、帰りに友達と数人で飲むつもりで町へ出たらその友達の知り合いの女の子たちに会って、一緒に飲むことになった。

それで店を探して歩いているうちにさらに女の子たちの友人と、祐太さんたちの友人数人にそれぞれ会い、合流することになって結局二十人近い大所帯になったという。

どうにか全員入れる店を見つけて、卓を囲んで乾杯をした後でいきなり誰かが「記念撮影しよう」と言い出した。なんでいきなり、とみんな笑ったがどういうわけか本当に記念撮影することになり、全員がグラスを持ってフレームに収まるようなアングルを決めてから店員に頼んでシャッターを押してもらった。

その飲み会について祐太さんが覚えているのはそこまでで、たぶん普通に盛り上がって普通に楽しい飲み会だったのだろう。そこで知り合った女の子たちとその後会った記憶もない。ただこのときの〈記念写真〉が手元に残っていて、今それを見ると印象的なのは一人だけ笑っていない女の子がいることだ。

べつに集合写真で全員が笑ってなければならないわけもないが、見ると男女とも見事に全員笑顔で写っている中に一人だけ、びっくりするほどの真顔でカメラを見据えている子がいる。

そのことに気づいてなんとなく面白かったというだけの写真だが、祐太さんは妙に気に入っていて最近でもたまに取り出して眺めていたそうだ。

先日、祐太さんの専門学校時代からの古い友達の一人が若くして病気で亡くなった。葬式から帰ってきた晩、そういえばあの写真に死んだ友達も写っていたはずだと気づき、祐太さんは故人を偲《しの》ぶ気持ちでアルバムを引っ張り出してみたそうだ。

二十人近くの若者たちが画面にひしめく中で、友達の姿は一瞬で見つかった。というのも若き日の友達はどういうわけか真顔でカメラを見つめていたのだ。

はじけるような笑顔でポーズを取る集団のうち二人だけが完全な真顔。

そんなはずはない、笑ってないのはこの子だけだったはず、と名前も知らない女の子と友達の顔をしばらく呆然と見較べたのち、

「もしかしてこの女の子も亡くなっているのでは……」

ふとそう思った祐太さんは冷水を浴びせられたような気分でアルバムを閉じた。

真顔の数が増えているのではないかと思うと怖ろしくて、もうその写真を目にする気にはなれないという。

首で払う

西くんには高校時代から仲のいい地元の友達がいた。名前は仮にアキラとする。

あるときアキラの従兄《いとこ》がバイク事故で入院して、その見舞いに行くのになぜか西くんもつきあうことになった。

アキラは今自由に乗れる車がないから、タクシー代わりに誘われたんだと思っていたらそうではなく、病院へは電車で行くらしい。

〈N駅から徒歩二、三分のところにある病院だから、待ち合わせは改札前でいいよな?〉

当日朝にアキラからLINEが来た。拍子抜けして昼過ぎに電車でN駅に行くと、アキラはすでに着いていて、落ち着かない様子で煙草を吸っていた。

「ここ禁煙だぜ怒られるよ」

そう西くんが言っても上の空の感じで「ああ」とか「まあな」とか返ってくるだけで、いっこうに煙草をもみ消す気配がない。

変な奴だなと思いながら、西くんはようやく歩き出したアキラの後についていった。

「へえ、こんなところに病院なんてあったんだ」

アキラがどんどん狭い道に入っていくので、西くんは感心してそうつぶやいた。

N駅周辺では何度か飲んだことがあるが、入院設備のあるような病院を見た記憶はなかった。

小さな飲み屋が並ぶ路地をそのまましばらく歩いた。

「二、三分って言ってたけどもう十五分は歩いてるぜ。道迷ってるんじゃないのか?」

心配になって西くんが声をかけると、アキラは「わかってる」とでも言うように右手を上げる。

「怪我した従兄、ジュンジくんっていうんだけど」

唐突にアキラは口を開いた。

「なんか事故のショックでちょっと普通じゃないらしいんだよね」

「普通じゃないって？」

西くんが訊き返す。

「それがよくわかんないんだよ。とにかくおかしくなってるらしくて、一人で会う勇気がなくてな、だからおまえも一緒に来てもらおうと思って」

「そういうことだったのか」

「悪いな、厄介な感じのことにつきあわせちゃって」

「いや全然平気だよ。それより本当にこの道で合ってるのか？　病院名言ってくれよ検索するから」

西くんがスマホを取り出して調べようとしたが、アキラは無言でまた上の空の様子だ。

「なあ、何ていう病院なんだよ」

「……」

「病院名わからないのか？」

「地蔵……」

「ジゾウ？」

「ジュンジくん、事故起こしたとき地蔵をバイクで引っかけちゃったらしくてな」

「ああ、お地蔵さんのことか」

「そのとき衝撃で地蔵の首が取れてしまったらしいんだよね」

「へえ」

「それを弁償しなきゃならないのは確実だからさ」

「そうなんだ、地蔵って幾らくらいするんだろうな」

「いや金の問題じゃない。首のことはさ、首で払うことになるわけだろ？」

「は？　なんだって？」

「だって相手は地蔵なんだぜ？」

「言ってる意味がわかんねえよ」

「馬鹿、おまえ常識がないのかよ」

「おまえこそ意味不明なんだけど」

「地蔵の首が取れたら、代わりに自分の首で払うのなんて常識だろ？　もっとも、ジュンジくんも知らなかったらしいけどな」

「おまえさあ……」

「だからショック受けちゃって、おかしくなったっておれは聞いてるわけ」

「おかしいのはおまえだよ、ふざけてんのか？　だったらおれもう帰るぞ」

「ああ、とうとう病院に着いてしまった……」

そうため息まじりに言ってアキラが立ち止まったのは、一棟の蔦《つた》で覆われた建物の前だった。

草ぼうぼうの土地に建つ三階建ての建造物は外観からどうやら元病院らしいとわかったけれど、入口のガラスの割れたドアはベニヤ板で雑に塞がれていた。

その板の奥から、獣の鼻息とうなり声のようなものが聞こえた気がしたという。

西くんは驚いて耳を澄ませた。

「ああ、はいはい。今行くからちょっと待っててー」

アキラはめんどくさそうに言いながら板の隙間に手を差し込み、めりめりと音を立てて剥《は》がそうとしている。

何やってんだよお前！　と西くんは止めたがアキラは「なんかもうジュンジくんに会いたくねえな、会うのやだな、憂鬱だな」と言いながら板を一枚強引に剥がして、指先から血が流れ出ているのもかまわず二枚目に取りかかろうとしていた。

そのとき建物の奥から聞こえるうなり声がこちらに徐々に近づいてくるのがわかった。うるさいよまったく！　首くらいでガタガタ言うなよ！　となぜか突然キレ出したアキラのことも含めて西くんは急に怖くなり、たまらずその場を逃げ出してしまったそうだ。

その晩アキラの母親から西くんの携帯に電話があって、さっき帰ってきた息子の様子がおかしいんだけど何か知らないですかと訊かれた。

西くんが昼間あったことをおおよそ話したところ、入院している従兄などいないこと、かつてジュンジという名の従兄がいたことは事実だが、幼稚園生のときに公園の遊具から落ちる事故で亡くなっていると聞かされた。二十年以上前のことだそうである。

後日会ったアキラは両手を包帯で覆われていた。ガラスか何かで切ったらしいが身に覚えがないのだと不機嫌そうにぼやいていた。

彼はここ一、二ヶ月くらいの記憶があまりなくて、従兄を見舞いに行こうとした日やその前後のことも全然覚えていないという話だった。

だが記憶障害だけでなくアキラは性格も変わってしまっていて、妙に怒りっぽくなって些細なことですぐ激高するから西くんは嫌になって、最近つきあうのをやめたという。

あのときの廃病院はのちに一度見に行ったらたしかに実在したが、アキラの剥がした板も元通りにまた塞がれており、その板の上に赤ペンキで直接、

〈地蔵入院中〉

と書かれていたので、西くんは十秒も滞在せず逃げてきたそうだ。

傷

二、三日前からちょっと体がだるいと思っていたが、その日の朝にはとうとう熱が出たらしく、測ると三十九度近くあった。

周治さんは職場に休みの連絡を入れると、なぜか食欲はあったのでトーストと目玉焼きで簡単な朝食をとってからふたたび布団に横になった。少し休んだら近所の医者に行くつもりだったのだが、そのまま寝入ってしまったらしい。

子供の頃に田舎の川で流れに足を取られ溺れた夢を見てうなされていると、玄関のチャイムが鳴った。

目が覚めた周治さんは咄嗟に起き上がろうとして体がふらつき、自分に熱があることを思い出した。ふらつき具合からすると朝よりも体温が上がっているかもしれない。

だが二度目のチャイムが鳴ったのでどうにか立って玄関まで歩いていった。

宅配便が届く予定があったのでそのつもりでドアを開けたら、外には黒いTシャツにジーンズ姿の中年女性が立っていた。ドアが開いた途端に女は身を乗り出すように一気に早口で話しかけてきた。

熱でぼんやりした頭で「宗教の勧誘か何かだろうか」と周治さんは思ったが、女の言葉が全然聞き取れないのは早口のせいではなく、外国語だからだと気づいたという。

しかし言葉が通じていないことがわからないのか、女は棒立ちになっている周治さんの反応にかまわずぺちゃくちゃと話し続けている。

だんだん立っているのがつらくなってきた周治さんは、

「ごめんなさい、ちょっと具合が悪いんで失礼します」

そう言って首を横に振りながらドアを閉めようとした。すると女は体を斜めにしてドアの隙間に入れてそれを阻んだのである。

驚いた周治さんは、押し合いになったら今の体調では負けそうな気がしたので、とにかく精一杯の笑顔で頭を下げてお引き取り願いたい気持ちを伝えた。

どうやらこちらの意思はまるで伝わっていないらしく、女も満面の笑顔になりながら体をぐいぐいと割り込ませてくる。思いきり腕をのばすと、周治さんの肩を親しげにぽんぽんと叩いてきた。

やがて根負けするような形で周治さんがドアノブを持つ手を緩めると、さっと靴を脱いだ女はそのまま玄関脇のキッチンに入り込んで、隅に置かれている椅子に腰かけてしまった。

そして周治さんに尻を向け、おもむろにTシャツの裾をまくり上げたのである。

驚いて止めようとした周治さんは、女の背中にまだ乾き切っていない生々しい傷があるのを見てぎょっとして身が竦んだ。

HELP ME

背中の半分近くを占める赤い傷は、そういう文字のかたちに見えたという。

下着が丸出しになるほどシャツをまくり上げつつ、首だけこちらに向けた女は相変わらず笑顔を崩さない。背中の文字とは裏腹に、助けを求めていそうな雰囲気は微塵《みじん》もなかった。

「困るんです、帰って下さい。おれ今熱があってフラフラで、立ってるのもやっとの状態なんです」

という意味のことを周治さんはどうにか片言の英語で伝えてみた。

しかしながら女の返してきた言葉には英語も日本語も混じっていない。自分の背中の傷を手で叩くように示しながら、笑顔で謎の外国語をぺらぺらとまくしたててくる様子を、周治さんは途方に暮れて眺めるしかなかった。

警察を呼ぼうとようやく思い立って周治さんが携帯電話を探したら、女が急に椅子から立ち上がって玄関に向かって歩いていった。

ああ、帰ってくれるのかとほっとして後ろ姿を見送っていると、女は玄関のドアを開けた。外に誰かが立っているのが見えたので、あわてた周治さんが壁に手を付きながらよろよろと覗き込んだところ、女とそっくりな顔の男の子が玄関前に立って女と受け答えしている。

息子なんだろうか？　だが女の腰より背の低いその子供は、まるで上司のような横柄な態度で女に人差し指を突き付けながら命令口調で何か言っている。その言葉は女がしゃべっていたのと同じ外国語のようだ。

それからぷいと踵を返して子供は歩き出した。

あわてたようにその後をついていく女はちらちらと何度もこちらを振り返ったが、その表情からはすっかり笑顔が消え、別人のように暗く悲しげだったという。

二人が通路の奥の階段に消えていくまで周治さんは茫然と見送った。

「その後玄関のドアを閉めにいったら、ドアポストに宅配便の不在票が入ってたんですよね。でも書かれてた時刻がたった数分前で、それって女が子供と玄関先で話してた時間だったんですよ。チャイムなんて鳴らなかったし、ああいう数字って不正確なこともまままあるだろうけど、届くはずだったのが通販のサバイバルナイフだった符合も含めてなんか気味が悪かったですよね」

一年半後にその部屋を引き払うことになったとき、荷物を箱詰めしてクローゼットを空っぽにしたら、床に近い高さの壁に震えるような引っ掻き傷の字で〈HELP ME〉と書かれていることに周治さんは気がついた。

部屋に住んでいた六年間ずっと知らずにいたその落書きを見て、周治さんは女のことを思い出したのである。

潮の匂い

真紀穂さんの実家は北日本のある港町で理容店を営んでいる。

彼女がまだ生まれる前のこと。両親は現在の店よりも港に近い、窓から海が見えるような場所に店を構えていた。

ある日の未明、店の二階にある住居で眠っていると階下で物音が聞こえた。

父親がまず目を覚まし、様子を見に行こうと布団を出たところで母親も目を覚ました。

「店で何かガタガタ音がしてる。泥棒かもしれないからここでじっとしてろ。何かあったら警察を呼べ」

そう言い置いて父親は階段を下りていった。

店舗に続く扉を開けたとき感じたのは、強烈な潮のにおいだったという。

暗闇に目を凝らすと、三つ並んだ椅子の一番奥の椅子の横に人が立っていた。

背もたれに両手を置いて、激しく揺するような動きをしている。

そのたびにガタガタという音がして、さっき聞こえたのはこの音だったんだなと思った。

腕っぷしには自信のある父親だったが、目の前の人影が酔っ払いや泥棒のようには思えず、どう対処すればいいか迷ったという。

潮のにおいも気になるが、暗闇とはいえ窓から街灯の光も入り込んでいるのに、その人影だけ塗りつぶしたように真っ黒なのはおかしい。

顔はまったく見えないものの、背格好や髪型にはどことなく見覚えがあった。

「タチカワさん？」

常連客の名前を、父親は思わず口に出したそうだ。

すると人影は椅子を揺する動きをふいに止めたように見えた。

次の瞬間、人影は跡形もなく消えていたという。

父親はあわてて照明を点けたけれど、出入口や窓はどこもきちんと施錠されていて、あんなに強烈だった潮のにおいもすっかり消えている。

椅子や床をたしかめたけれど、どこも濡れているところはなかったそうだ。

常連客のタチカワという男性がゆうべから家に帰っていないらしい、という話を父親が他の客から聞いたのはそれから数時間後のことだ。

昼前にはタチカワ氏は遺体となって海に浮いているのを発見された。

夜遅く飲み屋を出た後、酔っ払って歩いていて誤って転落し、そのまま溺れ死んだのだと思われる。

その後も何度かタチカワ氏は真紀穂さんの両親の理容店に現れたという。

きまって早朝に、最初のときほどではないけれど物音をたてて、真紀穂さんの両親の眠りを妨げた。

いったい何をアピールしたいのかわからないが、階下へ行って名前を呼んでやると消えるのだ。

両親は困惑し、不眠気味にもなっていたようだ。そこへちょうどいい出物があったので店を内陸寄りの高台に移転したのである。
場所が不便になったと言って、常連客の半分くらいが離れてしまったらしい。
タチカワ氏も新しい店に姿を見せることはなかったそうである。

あとがき

ある男性がトイレに入っていたそうです。用も足したので出ようとしたところでふと、そこが〈どこのトイレ〉なのかわからなくなったらしいんですね。

自宅のトイレなのか、それとも職場のトイレなのか。はたまたどこかの商業施設のトイレなのか、あるいは公園の公衆トイレなのか。

仮に自宅のトイレだったとして、それはいつの自宅なのか。つまり現在住んでいる家か、五年前に住んでいた家なのか。それとも二十年前に取り壊されてしまった実家のトイレなのか。何年も前に住んでいた家のトイレに今入ってる、と考えるのもおかしな話だけど、そのときは時間的な辻褄も全部吹っ飛んでしまって、とにかくあらゆる可能性がずらっと目の前に並べられたみたいに感じて、眩暈《めまい》がしたそうです。

だからその人はトイレから出られなくなってしまった。

たぶんせいぜい五分間くらいの出来事で、すぐにそんな異常な感覚は消え去って、普通にドアを開けて外に出たらしいのですが（ちなみに職場のトイレだったとのこと)。でも彼にとってその体験は、人生で一番恐怖を感じたものだったそうです。

どんなときに恐怖を感じるかは人によってまるで違うし、自分でそれを正しく把握できているかも疑わしいものです。たぶん「私にとって一番怖いのはこれ」という自覚はしばしば見事に的を外しているのだと思います。なぜなら自分の本物の急所を知ることは、必ずしも自分を守ることに貢献しないからです。むしろ自分の心を守るために私たちはしばしば一番恐ろしいものの存在を忘れているでしょう。

職場のトイレで「人生最大の恐怖」を感じた男性は、それよりだいぶ前に一度だけ幽霊を見たことがあったそうです。幽霊に遭遇したのもやはりトイレの中でした。子供の頃に祖父母の家の薄暗いトイレで用を足していたら、目の前に人の脚が立ったんです。

はっとして顔を上げると知らない女がまっすぐどこかを睨みつけるように見ていたそうです。異様に緊迫した時間が流れ、気がつくと女は消えていて、彼は何事もなかったようにトイレを出て手を洗い、誰にも幽霊の話をしなかったらしい。話さずにいるとだんだん錯覚だったような気がしてきて、今では他人から聞いた話みたいに現実味が薄れてしまっているので、人にも気軽に語ることができるようです。

でも思うに、その人が本当に恐れ続けているのはこの「トイレで見た女の幽霊」だったのではないでしょうか。

後年彼が職場のトイレで襲われた恐怖は、本当の恐怖が映り込んでしまった鏡を見なくて済むように叩き割った結果、心に散らばっていた破片のようなものだったのかもしれません。なんとなく私にはそんな気がするし、怪談を書くこと、語ることはそんな破片を不完全ながら拾い集めることに似ているような気がしています。


本書の準備を始めた頃と今とでは、たった数ヶ月でなんだか世界が別の物になってしまったように思えます。それはある意味では厳然とした事実であり、別の意味では大いなる錯覚でしょう。日常に致命的なひびが入ったとき、下から現れるのもまた別の、もうひとつの日常なのですから。

明日の世界が、怪談にうつつを抜かす余裕の消えないものであることを祈りつつ。

それではまた、めくるめく悪夢の〈破片の世界〉にてお会いいたしましょう。

二〇二〇年五月　我妻俊樹

忌印恐怖譚　くびはらい

2020年7月4日　初版第1刷発行

著者　我妻俊樹
企画・編集　中西如(Studio DARA)
発行人　後藤明信
発行所　株式会社 竹書房
〒102-0072 東京都千代田区飯田橋2-7-3
電話03(3264)1576(代表)
電話03(3234)6208(編集)
http://www.takeshobo.co.jp
印刷所　中央精版印刷株式会社

ISBN978-4-8019-2297-6 C0193